_______________ 님의 소중한 미래를 위해
이 책을 드립니다.

주린이도 술술 읽는
친절한 주식책

주린이도 술술 읽는
친절한
주식책
주식 왕초보가 꼭 알아야 할 기본
최정희 · 이슬기 지음
메이트북스

메이트북스  우리는 책이 독자를 위한 것임을 잊지 않는다.
우리는 독자의 꿈을 사랑하고,
그 꿈이 실현될 수 있는 도구를 세상에 내놓는다.

## 주린이도 술술 읽는 친절한 주식책

**2판 1쇄 발행** 2026년 1월 2일 (초판 1쇄 발행 2020년 9월 1일, 초판 57쇄까지 발행)  |  **지은이** 최정희 · 이슬기
**펴낸곳** (주)원앤원콘텐츠그룹  |  **펴낸이** 강현규 · 정영훈
**등록번호** 제301-2006-001호  |  **등록일자** 2013년 5월 24일
**주소** 04607 서울시 중구 다산로 139 랜더스빌딩 5층  |  **전화** (02)2234-7117
**팩스** (02)2234-1086  |  **홈페이지** matebooks.co.kr  |  **이메일** khg0109@hanmail.net
**값** 18,000원  |  **ISBN** 979-11-6002-978-9  03320

# 주식이 아직도 어렵다면
# 이 책으로 기본을 갖춥시다!

2020년 9월, 『주린이도 술술 읽는 친절한 주식책』이 세상에 처음 나왔습니다. 당시는 신종 코로나 바이러스가 한창이던 때로, 이 같은 혼란 속에서도 코스피 지수는 '브이(V)'자로 반등했습니다. 주식시장이 순식간에 반전하면서 생애 첫 주식투자자들이 급격하게 늘어났습니다.

주식시장 입문자들의 손을 잡고, 주식시장은 어떤 곳인지를 알려주며, 어떻게 하면 크게 낭패를 보지 않으면서 주식시장이 그들의 자산 포트폴리오에 오랜 기간 자리매김할 수 있을지를 고민했습니다. 브이자 회복 후 우상향하던 코스피는 또다시 장기간 2500선에 갇히는 '박스피' 신세를 벗어나지 못했습니다.

그러던 코스피 지수가 2025년에는 70% 넘게 급등하며 4000선을 돌파하는 기염을 토합니다. 불과 5년이 지났을 뿐인데 주식투자 인구는 대폭 늘어났습니다. 한국예탁결제원에 따르면 2020년 말에는 개인 주식투자자 수가 920만 명 정도였는데 2024년 말에는 1,410만 명으로 급증합니다. 코로나 전인 2019년 말에는 개인 주식투자자 수가 620만 명 수준이었는데 불과 5년 만에 2배 넘게 늘어난 것입니다.

주식 관련 정보는 이제 넘쳐납니다. 어느 정보가 진실인지 알 수 없을 정도로 주식 관련 정보를 접할 수 있는 창구도 급증했습니다. 주식투자는 더 이상 소수의 전유물이 아닙니다. 누구나 증권 계좌를 열고 SNS를 통해 누군가가 분석해 놓은 콘텐츠를 소비합니다. 이에 따라 개인투자자들의 주식 관련 지식 수준도 높아졌을 것으로 추정됩니다.

그러나 동시에 의문이 들었습니다. 많은 이들이 제대로 주식시장을 이해하고 투자하고 있는지에 대한 의문이었습니다. 2025년은 한국 주식 시장에서 특별한 한 해였다고 할 수 있습니다. 1997년 외환위기, 2008년 글로벌 금융위기, 2020년 코로나 위기 등 경제와 금융시장을 망쳐버린 큰 위기가 닥친 후 주가가 급락하다가 이듬해에 바로 급등했던 것도 아닌데, 이에 버금가는 놀라운 주가 수익률을 보였던 해이기 때문입니다.

코스피 지수로만 보면 주식투자자는 누구나 부자가 될 수 있었을 것 같았지만 현실은 달랐습니다. 반도체 업황이 살아나고 유동성까지 받쳐줬던, 주식 시장 황금기에 개인투자자들은 제대로 수익을 내고 있을까요? 남들이 환호하며 웃을 때 아직도 손절하지 못한 아쉬운 내 주식을 쳐다보며 '기다리고, 기다리자'를 외치고 있지는 않은지요?

우리는 여전히 '기본'에 대해 얘기하고자 합니다. 대다수 개인투자자는 오늘 내 종목이 오르면 하늘을 날 듯이 기쁘다가 그다음 날 떨어지면 땅이 꺼져라 한숨을 쉬고 있습니다. 일희일비하지 말자고 다짐하지만 조금의 변동폭에도 노심초사하기 쉬워집니다. 특히 남들이 다 수익을 내는 장에선 마음까지 조급해질 수 있습니다. 주식시장은 언제나 인간의 심리를 시험합니다. 주식시장이 왜 오르고, 왜 떨어지는지를 이해할 수 있다면 조급함이 조금은 누그러질 것입니다.

그러기 위해선 주식시장을 움직이는 큰 판을 이해해야 합니다. 그리고 주식시장을 오르게 하거나 떨어지게 만드는 유효하지 않은 정보도 걸러낼 줄 알아야 합니다. 그런 정보들이 주가를 오르내리게 할 수 있지만 이는 단기에 그칠 것입니다. 잘못된 신호를 보고 잘못된 타이밍에 주식을 사게 되면 '주식시장은 위험해' 하면서 도망치거나 물려 있는 주식을 애물단지처럼 바라보게 될지도 모릅니다.

그렇다고 주식시장을 완전히 외면할 수도 없습니다. 주식시장은 잘만 다룬다면 나름 꽤 안정적인 수익을 줄 수 있는 필수 자산이기 때문입니다. 실제로 다수의 투자자들이 주식시장에서 고수익을 내고 있습니다. 2025년은 이를 증명했던 해였습니다. 코스피 지수에만 투자했어도 70%가 넘는 수익을 냈으니까요. 국내 주식이 어렵다면 해외 주식에 투자하는 것도 좋은 방법입니다. 종목 투자가 어렵다면 상장지수펀드(ETF)에 투자해도 됩니다.

이 책은 화려한 투자 비법을 다루지 않습니다. 주식의 본질, 투자자의 자세, 시장 구조를 다시 한번 짚고자 했습니다. 5년 전 주식시장 폭락장을 지나며 배운 교훈들이 5년 후의 주식시장 폭등장에서도 여전히 유효하기 때문입니다. 이 책을 덮을 때쯤엔 주식시장을 대하는 마음이 조금은 더 단단해져 있기를 바랍니다.

최정희 · 이슬기

# 차례

## 1장 주린이라면 꼭 알아야 할 주식투자의 기초

## 4장 주식하기 좋은 날은 언제인가요?

## 5장 차트가 언제 사고팔지를 알려준다고요?

다들 주식을 한다기에 덩달아 시작했는데, 사실 주식이 무엇인지조차 모르는 나! 주식은 채권이랑 어떻게 다르고 또 펀드랑은 뭐가 다른 건지. 코스피라는 게 있고 코스닥이라는 게 있다던데 둘은 다른 것인지? 네이버의 시가총액이 갑자기 올랐다던데 이게 의미하는 것이 무엇인지? 삼성전자를 사려고 했더니 삼성전자우라는 게 뜨는데 둘은 다른 종목인지?… 1장에서는 주린이가 궁금하지만 주변에 물어보기 다소 머쓱할 수 있는 기초들을 꼼꼼히 알려준다.

1장

주린이라면
꼭 알아야 할
주식투자의 기초

# 주식과 채권 그리고 펀드는
# 뭐가 달라요?

우리 엄마한테 주식이 뭐냐고 물으면 아마 "큰일나는 것, 위험한 것"이라고 답할 것이다. 주식은 한 번도 해보지 않았지만 주식에 손댔다가 깡통찼다는 사람들의 사연을 하도 많이 들어서다. 그러면 동네에서 가끔 이자놀이를 하면서 푼돈을 챙기던 엄마에게 채권은 좀더 안전한 것일까? 도대체 주식이 뭐길래 위험하다고 하고, 채권은 그나마 주식에 비해 낫다고 하는 것일까?

기업을 경영하다 보면 돈이 필요하다. 이때 사람들을 상대로 "투자해주세요"라고 하면 주식이고, "돈 빌려주세요"라고 하면 채권이다. 주식과 채권 모두 증권이라고 불리며, 증권은 주식 보유자와 채권자의 소유권, 재산권을 나타내는 증서를 말한다.

주식은 기업이 자금을 조달할 때 발행하는 증서다. 기업에 투자하고 이 증서를 갖게 되면 주주가 된다. 주식이 한국거래소에 상장되어 있다면 상장주식이라고 한다. 상장주식은 증권사 계좌를 통해 언제든지 사고팔 수 있다.

친구가 운영하는 치킨집 '더 치킨'이 상장된 회사라고 생각해보자. 친구는 '더 치킨'을 차리는 데 2억원이 필요한데 1억원만 투자해달라고 했다. 1억원을 투자하면 매달 치킨 한 마리를 주고 매년 이익의 10%를 돈으로 주겠다고 한다. 나는 치킨집의 50% 지분을 가진 주주가 되는 것이다. 여기서 매달 제공되는 치킨과 연이익의 10%는 배당금이 된다. 물론 장사가 잘 안 되면 치킨이나 배당금은 못 받을 수도 있다.

치킨집이 잘되어야 주주인 내가 돈을 벌 수 있기 때문에 "치킨이 좀더 바삭해야 한다, 아르바이트생이 왜 이렇게 많냐" 등 주주총회를 통해 치킨집 경영에 관여할 권리가 생긴다.

이후 치킨집이 대박이 나자 친구는 치킨집을 3억원에 팔아버리겠다고 한다. 나는 치킨집 지분의 절반을 보유하고 있기 때문에 친구는 1억 5천만원을 나한테 돌려줘야 한다. 주식을 매도하는 상황이라면 배당금과 별도로 내가 보유한 주식의 가격이 오른 만큼 돈을 벌게 된다.

반대로 쫄딱 망해 빚만 늘었다면? 투자금 1억원이 날아간 것이다. '어쩐지 치킨 맛이 변했더라' 하면서 땅을 쳐도 이미 버스는 떠난 뒤다. 주식은 기업이 망하면 갖고 있던 증서가 휴지조각이 된다. 치킨 맛이 영 별로인데 친구한테 말을 못 해 끙끙 앓고 있다면 치킨집이 문을 닫기 전에 주식을 팔아버릴 수도 있다.

### 장사가 잘 되든 안 되든 원금과 이자를 받는 채권자

만약 내가 친구한테 1억원을 빌려줘 채권자가 된 상황이라면 어떨까? 그렇게 되면 나는 친구로부터 연 10% 이자와 함께 몇 년 몇 월 며칠까지 돈을 갚겠다는 증서를 받게 된다. 주주는 아니기 때문에 치킨 맛에 왈가왈부할 권한은 없다. 장사가 잘 되든 안 되든 꿔준 돈만 만기일에 잘 돌려받으면 되기 때문에 주식보다 안정적인 수익을 낼 수 있다.

1년 뒤 치킨집이 잘되어 3억원에 팔았다고 해도 내가 받을 수 있는 돈은 원금과 이자를 합해 1억 1천만원뿐이다. 치킨집이 망하더라도 내 돈 먼저 갚으라고 요구할 수 있다. 안 되면 법원에라도 가면 된다.

채권도 주식처럼 망하기 전에 탈출하는 방법이 있다. 채권을 팔아버리면 된다. 만기 때 받게 될 이자를 포기하는 대신 채권에 값을 매겨 파는 것이다. 다만 치킨집이 장사가 덜 되고 신용이 떨어진 상태에선 채권 값이 하락해 헐값에 팔아야 할 수도 있다.

채권은 누가 발행하느냐, 즉 누가 빚쟁이가 되느냐에 따라 이름이 다르다. 회사가 발행하면 회사채, 국가가 발행하면 국채, 은행이 발행하면 은행채가 된다. 빚 떼일 가능성이 낮을수록 금리도 낮다. 국가가 망할 리는 없으니 국채의 금리가 가장 낮다. 신용등급이 낮은 회사는 금리가 높다. 높은 금리를 줘야만 떼일 위험을 감수하고라도 돈을 빌려줄 사람을 구할 수 있기 때문이다. 금리가 낮아진다는 것은 채권값이 올라간다는 얘기이고, 금리가 상승한다는 것은 채권값이 떨어진다는 말이다.

### 펀드매니저가 알아서 종목을 사주면 '펀드'

주식과 펀드는 어떻게 다를까? 주식을 사는 방법에 차이가 있다. 증권계좌를 통해 홈트레이딩시스템(HTS)에서 주식을 사면 '직접투자'가 되고, 펀드를 통해 주식에 투자하면 '간접투자'가 된다. 직접투자에선 주주가 되지만 간접투자에선 주주의 역할을 자산운용사가 맡게 된다.

자산운용사가 나와 같은 생각을 가진 사람들의 돈을 모두 모아 펀드매니저에게 맡기면, 펀드매니저는 직접 수십 수백 개의 종목을 선택하고 이들의 매매 시기를 정해 돈을 굴린다. 여러 종목을 동시에 보유하는 것이기 때문에 분산투자 효과가 있다.

그러나 펀드매니저가 높은 수익률을 보장하진 않는다. 펀드도 주식처럼 원금이 까일 수도 있고, 모든 투자의 책임은 돈을 낸 투자자가 져야만 한다.

펀드는 증권사와 은행 등 판매사를 통해 가입할 수도 있고, HTS상에서 일반 주식처럼 거래하는 상장지수펀드(ETF)에 가입하는 방법도 있다. 전자는 펀드매니저가 직접 종목을 선택해 매매한다는 점에서 펀드매니저의 능력에 따라 수익률 편차가 커지는 반면, ETF는 펀드매니저의 개입이 거의 없고 특정 지수나 특정 자산의 가격 변동에 따라 수익률이 좌우된다는 점이 다르다.

# 코스피와 코스닥은 다른 시장인가요?

한국 주식시장이라는 학교에 우등생만 몰아넣은 반은 코스피 시장.
아직 성적은 낮아도 장차 큰일 할 것처럼 보이는
유망주만 몰아놓은 반은 코스닥 시장.

매일 경제뉴스를 보면 '코스피 지수가 얼마 올랐네, 코스닥 지수가 얼마 올랐네' 하는 이야기가 보도되는 걸 볼 수 있다. 둘 다 결국 한국 주식시장에 속해 있는 건데 굳이 구분해서 부르는 이유는 뭘까? 두 시장 사이엔 어떤 차이가 있는 걸까?

### 우량주 시장인 '코스피', 유망주 시장인 '코스닥'

투자자 입장에선 코스피 시장과 코스닥 시장은 전혀 다르지 않다. 주식을 사고파는 방식도 똑같고, 공시 등 여러 시스템이 똑같은 메커니즘으로 돌아가기 때문이다. 다만 두 시장 간의 성격에 차이가 있다.

코스피 시장은 비교적 규모가 크고 안정적인 종목들이 모여 있는 시장이다. 코스피 시장의 대장주는 삼성전자이고, 이 외에 SK하이닉스, 네이버, 현대차 등 이름만 들어도 대기업인 걸 알 수 있는 기업들이 모여 있다.

한편 코스닥 시장은 자금 조달이 어려운 중소기업과 벤처기업을 대상으로 만든 시장이다. 알테오젠 등 바이오주, 에코프로비엠 등 2차 전지주, 레인보우로보틱스 등 로봇 관련주 등이 시가총액 상위종목을 차지하고 있다. 오늘내일 실적은 다소 불안불안할지 몰라도, 향후 성장 가능성이 높아 보이는 종목들이 상장되어 있는 시장이라고 보면 된다.

### 성격을 가르는 두 시장 사이의 여러 '허들'

코스피 시장이 우량주 위주, 코스닥 시장이 유망주 위주로 구성될 수 있었던 건 두 시장 사이의 허들이 존재하기 때문이다.

먼저 상장요건이 다르다. 코스피 시장은 상장요건이 까다롭다. 상장할 수 있는 루트가 몇 가지 있는데 이 중 일부를 살펴보면 '최근 매출이 1천억원 이상이고 3년 평균 매출이 700억원 이상이면서 최근 세전이익이 30억원, 3년 합계 세전이익이 60억원 이상인 경우, 최근 매출액이 1천억원 이상이면서 기준시가총액이 2천억원 이상일 때' 등의 요건을 충족해야만 한다.

　　반면 코스닥 시장은 상대적으로 상장요건이 느슨하다. 유망주에게 너무 가혹한 잣대를 들이대면 아예 시장에 진입조차 불가능할 테니 말이다.

　　기준 중 몇 가지를 살펴보면 '법인세차감전계속사업이익 20억원 및 시가총액 90억원 또는 시가총액 500억원 및 매출액 30억원 또는 최근 2사업연도 평균 매출증가율 20% 이상' 등의 요건을 충족해야 한다.

　　시가총액 기준과 매출액 기준이 코스피 시장에 비해 상당히 낮다는 것을 알 수 있다. 심지어 코스닥 시장에는 일정한 수준의 시가총액과 성장성만 갖추면 이익을 못 내고 있더라도 상장할 수 있다. 시가총액 1000억원 이상의 자격 등만 갖추면 기업의 성장성만 보고 코스닥 시장에 상장이 가능하다.

　　두 시장은 퇴출기준도 다르다. 코스닥 시장은 상장 문턱이 낮은 만큼 코스피 시장에 비해 퇴출도 더 쉽다. 코스닥 시장에서는 5년 연속 영업적자가 발생할 경우, 투자주의 환기종목으로 지정해 공시하도록 하고 반면 코스피 시장에서는 영업적자와 관련된 상장폐지 규정이 없다.

# 한국거래소, 넥스트레이드 뭐가 다른가요?

2025년은 우리나라 자본시장 역사상 전환점이 된 해다. 1956년 대한증권거래소 설립 이후, 주식 거래는 오롯이 한국거래소에서만 가능했다. 한국거래소의 70년 독점 체제가 깨졌다. 국내 최초의 대체거래소(ATS, Alternative Trading System), '넥스트레이드(Nextrade)'가 2025년 3월에 공식 출범했다. 넥스트레이드는 금융투자협회, 미래에셋증권, 삼성증권, KB증권, 한국투자증권 등 대형 증권사들의 지분 참여로 설립되었다. 미국은 뉴욕증권거래소(NYSE) 외에 나스닥, 시카고 증권거래소 등 10개 이상의 다양한 거래소가 있으며 유럽, 일본, 호주 등도 마찬가지다. 이에 비해 우리나라의 대체거래소 설립은 늦은 편이었다.

## 싼 수수료, 더 길어진 거래 시간

넥스트레이드는 한국거래소의 70년 독점 체제를 견제하기 위해 수수료와 거래 시간에서 크게 차별화를 두고 있다. 거래소의 정규 거래 시간은 오전 9시부터 오후 3시 30분까지이지만 넥스트레이드는 오전 8시부터 오후 8시까지 총 12시간 동안 거래가 이뤄진다. 오전 8시부터 오전 8시 50분까지는 프리마켓(Pre-market), 오전 9시부터 오후 3시 20분까지는 메인마켓(Main-market), 오후 3시 40분부터 오후 8시까지는 애프터마켓(After-market)으로 운영된다. 미국 등 해외 주식시장의 이벤트에 즉각적으로 대응하기가 더 수월해졌다는 장점이 있다. 또 넥스트레이드는 한국거래소 대비 거래수수료가 20~40%가량 저렴하다.

넥스트레이드는 저렴한 수수료와 더 길어진 거래 시간으로 거래시장 점유율을 빠르게 늘려가고 있다. 넥스트레이드가 출범했던 2025년 3월에는 거래 종목도 10개에 불과했기 때문인지 거래대금 점유율이 고작 4% 수준이었으나, 6월 이후에는 50% 가까이 올라섰다. 한때는 거래소의 거래대금을 앞지르기도 했다.

## 거래 체결 방식도 바꿨다

넥스트레이드는 '중간가 호가'와 '스톱지정가 호가'라는 새로운 방식의 거래 체결 방식을 도입했다. 중간가 호가는 투자자가 주식 매수를 접수할 때 수량만 지정하면, 가격은 시장의 최우선 매수호가와 최우선 매도호가의 중간 가격으로 자동 설정되도록 하는 방식이다. 예컨대 A주식의 최우선 매수호가가 1만원이고, 최우선 매도호가가 1만 1천원이라고 하면 중간가 호가는 1만 500원이 된다. 최우선 매수호가와 매도호가가 실시간 변동하면서 중간가 호가도 함께 변하기 때문에 투자자는 매수와 매도호가의 차이를 최대한 좁혀 거래를 할 수 있다는 장점이 있다.

스톱지정가 호가는 투자자가 사전에 설정한 '스톱가격', 즉 특정가격에 주가가 도달하면 자동으로 매매가 주문되는 거래 방식이다. B주식을 매수하고 싶은데 가격이 생각보다 비싸다고 해보자. 이때 B주식이 일정 수준 이하로 떨어지면 매수 주문이 자동 실행되는 방식이다. B주식의 주가가 1만 5천원인데 투자자가 스톱가격으로 1만 4천원을 제시했다고 하자. 이후 지정가격을 1만 3천원으로 입력했다면 1만 3천원에 지정가 매수 주문이 실행되는 식이다. 투자자가 24시간 시장을 지켜보지 않아도 미리 설정한 조건에 따라 매매 주문이 가능하다는 것이 강점이다. 투자자의 손실을 제한하거나 목표 이익 달성 시 매도 등이 수월해질 수 있다.

### 거래소가 맞을까, 넥스트레이드가 맞을까

이쯤 되면 거래소에서 주식을 거래해야 하나, 넥스트레이드에서 거래해야 하나 고민이 생길 것이다. 수수료, 거래 시간 등을 고려하면 넥스트레이드에서 거래를 하는 것이 맞지만 매매를 자주 하지 않는 경우에는 거래소를 바꿀 유인은 크지 않을 수 있다. 또 같은 삼성전자, SK하이닉스라도 거래소에서 거래하느냐, 넥스트레이드에서 거래하느냐에 따라 주가가 다르다는 점도 살펴봐야 할 대목이다.

그래서 대형 증권사에서는 혼란스러운 투자자를 위해 '스마트 주문 시스템(SOR, Smart Order Routing)'을 운영하고 있다. 알고리즘을 활용해 실시간 거래 가격, 유동성, 수수료 등을 고려해 거래소와 넥스트레이드 중 어느 곳에서 투자자가 주식 거래를 주문하는 것이 유리한지를 찾아서 자동으로 연결해주는 시스템이다. 특정 종목의 주식 가격이 거래소에서 1만원이고, 넥스트레이드에서 1만 1천원에 거래된다면 매수 주문 시엔 거래소에서 주문이 이뤄지도록 안내한다. 스마트 주문 시스템 자체를 넥스트레이드가 설계했기 때문에 양 거래소의 주식 가격이 같을 경우에 넥스트레이드에 유리하게 설계한 것 아니냐는 의혹도 있다. 그럼에도 양 시장을 오가며 좀더 저렴하게 사서, 좀더 비싸게 팔 수 있다면 투자자에겐 나쁠 것이 없다.

# 삼성전자와 삼성전자우의 차이가 뭔가요?

증권사 앱(애플리케이션)을 깔고 난 뒤 대부분의 사람들이 제일 처음 검색하는 건 '삼성전자'다. 그런데 삼성전자를 검색하면 2개의 종목이 뜬다. 삼성전자와 삼성전자우.

삼성전자 뒤에 붙은 '우'의 의미는 뭘까? 그리고 우가 붙고 안 붙고의 차이는 무엇일까?

### 배당을 더 받는 대신 주주총회를 포기한다면 우선주

이름 뒤에 아무것도 붙지 않은 주식을 '보통주'라 부른다. 반면 이름 뒤에 '우'가 붙은 주식은 '우선주'를 뜻한다. 삼성전자는 보통주이고, 삼성전자우는 우선주다.

우선주라니 도대체 무엇을 우선한다는 걸까? 보통주보다 배당을 더 주겠단 얘기다. 삼성전자의 경우는 우선주가 보통주보다 주가가 20% 이상 싼데도(2025년 11월 기준) 한 주당 배당금은 보통주와 동일하다. 같은 삼성전자인데 우선주가 더 싼값으로 배당을 받는 셈이다.

하지만 세상에 공짜는 없다. 배당을 더 받기 위해 포기해야 하는 것이 있다. 바로 의결권이다. 의결권이란 주주총회에 올라온 안건에 찬성이나 반대표를 던질 수 있는 투표권을 얘기한다. 의결권은 주식을 단 한 주라도 들고 있으면 가질 수 있는데, 이 의결권이 있으면 주주총회 안건에 올라온 배당금 지급 계획에 대해 '배당금을 더 달라'며 반대표를 던질 수도 있다. 하지만 우선주를 사면 주주총회는 포기해야 한다.

## 우선주가 보통주보다 주가가 싼 이유

일반적으로 우선주는 보통주보다 주가가 저렴하다. 우선주는 보통주에 비해 적게는 10% 정도에서 많게는 40~50% 정도 싸다. 같은 종목임에도 불구하고 우선주의 주가가 유독 낮은 이유는 무엇일까?

한국 주식시장에서 우선주의 가치가 낮았던 데엔 그만한 역사가 있다. 오랜 기간 동안 기업 투명성이 낮았기 때문이다. 한국 기업들은 최근까지도 오너들의 일감 몰아주기, 증여세 문제 등 불투명한 의사결정이 많았다. 그래서 소액주주가 대주주의 의사결정에 대항할 수 있었던 수단인 의결권의 가치가 그만큼 높았던 것이다. 이를 '의결권 프리미엄이 높았다'고 얘기한다.

그러나 이제 시대가 바뀌면서 보통주와 우선주 간의 주가 괴리율이 좁혀질 수밖에 없다는 분석들이 나오고 있다. 국민연금을 필두로 많은 기관들이 이른바 스튜어드십코드를 채택하기 시작했기 때문이다.

스튜어드십코드란 국민연금이나 자산운용사 등 주요 기관투자자가 기업의 의사결정에 적극 참여하도록 유도하는 투자 지침이다. 한국에서도 2018년 7월 말부터 스튜어드십코드가 도입되면서 기관들이 기업을 상대로 주주에게 부당한 것은 시정하도록 적극적으로 요구할 수 있게 되었다. 배당을 늘리라고 한다거나, 선임하겠다는 임원이 적절하지 않다는 등의 의견을 보다 적극적으로 내게 된 것이다. 행동주의 펀드도 늘어나는 추세다.

그래서 앞으론 보통주를 사서 의결권을 행사하고자 하는 수요가 줄어들 테고, 이는 곧 보통주가 가진 의결권 프리미엄을 축소시키는 계기가 될 수도 있다는 전망이 나오고 있다. 실제 미국 등 선진국 증시에서 우선주와 보통주의 가격 괴리율은 평균 10% 미만이다.

## 저렴한 우선주를 사서 시세차익을 노려볼까?

시간이 갈수록 우선주와 보통주의 가격 차이는 좁혀질 수밖에 없으니 우선주가 저렴할 때 주식을 사모으는 것도 하나의 투자 방법이 될 수 있다.

그러나 우선주가 보통주에 비해 지나치게 싼 경우 그만한 이유가 숨어 있을 수도 있다는 점을 명심해야 한다. 우선주의 최대 약점은 보통주보다 발행 물량이 적어 유동성이 낮다는 점이다. 우선주를 원하는 가격에 사기도, 팔기도 어렵다는 얘기다. 거래가 극히 적기 때문에 소규모 자금만으로 우선주 가격을 높게 띄우기도, 떨어뜨리기도 가능하다. 그래서 가끔 우선주를 대상으로 주가 조작이 벌어지기도 한다. 우선주라고 해서 보통주보다 배당을 반드시 더 많이 주는 것도 아니다. 앞서 삼성전자 사례에서 보았듯이 삼성전자는 우선주, 보통주에 대해 같은 액수의 현금배당을 하며 2025년 3분기에는 우선주, 보통주에 대해 1주당 370원씩을 현금배당한다고 밝혔다.

# 시가총액이 얼마 날아갔다는데
# 그게 왜 중요한가요?

'코스피 시가총액 65조원 증발… 1천조원 밑으로'

'코로나 패닉에 세계 증시 시가총액 열흘새 3천조원 증발'

2020년 신종 코로나 바이러스가 전 세계를 덮치자 이런 제목의 뉴스가 쏟아졌다. 시가총액이 증발해버렸다는 것인데 도대체 무슨 얘기일까?

## 기업가치를 보여주는 시가총액

개별 종목의 시가총액은 발행주식총수(상장주식 수)와 현재의 주가를 곱해 계산하고, 코스피 시가총액은 코스피 상장회사의 시가총액을 합산한 것이다.

시가총액은 주식시장 규모가 어느 정도인지를 보여주는 지표이다. 시가총액이 증발했다는 것은 주식시장 규모가 그만큼 줄어들었단 뜻이다. 하루아침에 발행주식 수가 줄어들 리 없으니 주가가 급락했다는 것을 말한다.

코로나로 인해 경제 활동 자체가 붕괴되면서 기업 실적이 나빠질 것이 뻔하고, 그러다 보면 문을 닫는 기업이 생길 수 있으므로 투자자들은 현금을 확보하려는 심리가 강해졌다. 주식을 팔고 주식시장에서 빠져나가려는 움직임 때문에 주가가 급락했다.

시가총액은 현재 해당 회사의 기업 가치가 얼마인지를 보여주는 지표이기도 하다. 주당 가격이 1만원이고 발행주식 수가 5천만주인 종목의 시가총액은 5천억원이다. 이론적으로 5천억원만 있으면 회사를 인수할 수 있다는 얘기다.

기업 가치가 높을수록 주가가 상승할 것이고 그만큼 시가총액 규모도 커지게 된다. 우리나라에서 시가총액이 가장 큰 회사는 삼성전자다. 삼성전자의 시가총액은 2025년 11월 기준으로 약 590조원이다. 이는 2026년 우리나라 예산인 728조원의 81%에 달할 정도로 엄청난 규모다. SK하이닉스는 시가총액이 약 432조원으로 두 번째로 크다. 삼성전자, SK하이닉스 등 반도체 회사가 시가총액 1, 2위를 차지한다. 이 두 종목의 비중은 전체 코스피 시가총액의 34%를 넘는다. 두 종목 주가의 오르내림이 코스피 시장 전체를 좌지우지할 수 있을 정도로 영향력이 크다는 얘기다.

코스피의 운명이 반도체 업황 전망에 달려 있다고 해도 과언이 아니다.

## 시가총액의 변화는 곧 산업의 변화를 의미

시가총액 순위를 보면 어떤 업종이 한 나라의 산업, 경제를 좌우하는지 한눈에 볼 수 있다. 전 세계 시가총액 순위를 살펴보면 우리가 현재 어떤 세상에 살고 있는지 알 수 있다.

2025년 11월 기준으로 세계에서 가장 비싼 회사는 엔비디아다. 2위는 애플, 3위는 마이크로소프트, 4위는 알파벳, 5위는 아마존이다. 2020년까지만 해도 애플이 전 세계 시가총액 1위 종목이었으나 그 사이 세상을 지배하는 키워드가 바뀌었다. 코로나19 팬데믹을 거치는 동안 인공지능(AI)이 빠르게 성장하면서 AI 생태계에서 핵심 역할을 하는 종목들의 주가가 크게 올라 시가총액 순위를 바꿔놨다.

주가가 매일 변동하므로 시가총액 규모도 매번 바뀐다. 하지만 단기간에는 별 의미가 없다. 그러나 10년, 20년 장기간에 걸쳐 살펴보면 시가총액 상위에 있는 회사들이 그 시대 그 나라의 경제를 좌우했다는 것을 알 수 있다.

2000년대 중반까지만 해도 세계에서 가장 비싼 회사는 가전제품 등 전기 기기 제조업체인 제너럴 일렉트릭(GE)이었다. 그러나 현재는 시가총액 상위 30위권 내에서도 GE를 찾아볼 수 없다.

# 주식도
# 덩치가 다 다르다

'매년 1월마다 주가가 오른다는 이른바 1월 효과에 대한 기대 감이 중소형주를 중심으로 형성되고 있다. 개인투자자가 대주주 주식차익 양도소득세 과세 요건을 회피하기 위한 주식 매도가 지 난달 종료되면서 1월에 주식 매수세가 재유입될 것이란 전망이 나오고 있다. 특히 개인들이 주로 매집하는 중소형주를 중심으로 유동성이 늘어날 것이란 기대.'

언론 기사의 일부다. 시장 상황에 따라 대형주가 유리할 수도, 중소형주가 유리할 수도 있다는 것일까? 무 자르듯이 말할 수 없 지만 대체로 그렇다고 할 수 있다. 매년 1월마다 중소형주가 대형 주보다 상대적으로 수익률이 높아지는 '1월 효과' 현상이 자주 일어나기 때문이다.

매년 12월 말을 기준으로 소득세법상 보유 주식 규모가 많아 대주주가 되는 개인투자자는 이듬해 4월 이후 해당 주식을 매도해 차익이 발생할 경우 양도소득세를 내야 한다. 개인투자자들은 이러한 대주주 요건을 피하기 위해 연말에 보유하고 있는 주식을 팔려고 한다. 그러다 1월이 되면 다시 주식을 매수하려는 수요가 증가해 개인투자자의 매입 비중이 높은 중소형주가 강세를 보일 가능성이 높다.

그렇다면 대형주, 중형주, 소형주를 구분하는 기준은 무엇일까? 바로 시가총액이다. 시가총액은 발행주식총수(상장주식 수)에 현재 주가를 곱해 계산한다. 코스피 상장회사를 시가총액 순으로 쭉 나열했을 때 상위권인 1위부터 100위까지를 대형주라고 한다. 101위부터 300위까지는 중형주, 301위부터 그 이하 모든 종목은 소형주가 된다.

## 대형주는 외국인이, 중소형주는 개인이 주로 거래

대형주는 주로 개인보다는 외국인, 기관투자가들이 사고판다. 프로그램 매매도 대형주 위주로 이뤄진다. 대형주는 수출주 비중이 높다. 삼성전자, SK하이닉스, 현대차와 같이 반도체·자동차 등 국내 주력 수출품을 생산하는 업체들이 시가총액 상위에 분포되어 있다.

그러니 대형주는 대외 이벤트와 환율 등에 민감할 수밖에 없다. 외국인 자금이 물밀 듯이 들어오면 대형주가 중소형주에 비해 강세를 보이고, 반대로 외국인 자금이 빠져나가면 대형주가 상대적으로 약세를 보인다.

하지만 중소형주는 다르다. 중소형주를 주로 사고파는 투자 주체는 개인투자자들이다. 개인투자자들은 대외 이슈에 별로 민감하지 않다.

그러니 개인투자자의 자금이 주식시장에 많이 들어올 때는 중소형주와 코스닥 지수가 상대적으로 강하게 상승한다. 2020년 신종 코로나 바이러스로 증시가 폭락한 이후 개인투자자들이 수십조 원의 자금을 몰고 증시로 유입되었을 때 코스피 중소형주, 코스닥 지수가 코스피 대형주보다 더 많이 상승했다.

### 코스피200과 코스닥150은 어떻게 다른가?

코스피 지수, 코스닥 지수보다 더 유명한 지수들도 있다. 선물, 옵션 등 파생상품 거래가 활발하고 가장 유동성이 풍부한 코스피200지수가 있다. 코스피200지수는 우리나라 대표 지수라 할 수 있다. 외국인, 기관들이 중점적으로 거래하는 대형주는 코스피 1~100위에 있는 대형주보다 코스피200지수에 포함된 200개 종목일 때가 더 많다.

코스피200지수는 코스피 상장회사 중에서 시장 대표성, 산업

대표성, 유동성 등을 기준으로 선정된 200개 종목으로 구성되어 있다. 코스피 대형주 지수가 시가총액 순으로 1위부터 100위까지 묶은 것이라면, 코스피200지수는 유동시가총액을 기준으로 순위를 매긴 것이다.

유동시가총액은 현재 주가에서 유동주식수를 곱해 계산한다. 유동주식수는 발행주식총수에서 최대주주 및 특수 관계인 보유 지분, 우리사주조합, 자사주, 정부 등의 지분, 즉 시장에 실제로 유통될 가능성이 낮은 주식을 제외한 주식을 말한다.

이런 방식으로 종목을 산출하게 되면 자산운용사들이 코스피200을 추종해 만든 상장지수펀드(ETF) 등을 운용할 때 편리하기 때문이다. 실제로 시장에서 사고팔리는 주식이 있어야 관련 상품을 손쉽게 만들 수 있다.

코스닥150지수도 있다. 코스피200지수와 유사한 방식으로 코스닥 상장회사에서 시가총액, 유동성, 업종분포 등을 고려해 150개 종목을 뽑아 만든 지수다.

코스피200, 코스닥150지수 내 종목들은 6월과 12월, 즉 1년에 두 번씩 종목이 변경된다(때론 수시변경도 가능). 기존에 있던 종목이 빠지고 새로운 종목이 편입되는 과정에서 관련 지수를 추종하는 ETF 등 펀드 자금들이 움직이면서 단기 주가에 영향을 미친다. 코스피200, 코스닥150지수에 새로 편입되면 해당 주식을 매입하려는 펀드 자금이 증가해 주가가 오르고, 반대로 제외되면 해당 종목을 팔려는 수요가 늘어나 주가가 하락한다.

코스피200이 하나의 기준점이 되다 보니 '코스피200을 제외한 코스피 지수'가 만들어진다든지, 코스피200 종목 중 시가총액 하위 100개 종목으로 구성된 '코스피200 중소형주지수'가 만들어지기도 했다.

## 지수를 좌지우지하는 삼성전자, SK하이닉스가 보여주는 것

코스피200지수에서 삼성전자 한 개 종목이 차지하는 비중이 한때 30%를 넘어 시시때때로 논란이 되기도 한다. 여러 종목을 묶어 지수를 만드는 것은 특정 한 개 종목이 미치는 영향력을 최소화해 분산 투자하기 위한 것이기 때문이다. 그런데 삼성전자 한 개 종목의 비중이 코스피200지수의 3분의 1에 달하기 때문에 삼성전자의 주가 흐름이 코스피200지수 전체의 흐름에 절대적인 영향을 미치는 문제가 발생하는 것이다. 2025년 11월 기준으로 코스피 지수에서 삼성전자가 차지하는 비중은 약 20% 수준으로 줄었다. 그러나 SK하이닉스가 차지하는 비중은 15%로 늘어났다.

코스피200에서 반도체주가 차지하는 비중이 절대적인 것은 우리나라 경제의 씁쓸한 단면을 보여주기도 한다. 반도체를 빼놓고선 미래 성장동력이 되어줄 만한 기업이 부족하다는 얘기이기 때문이다. 반도체에 대한 경제 의존도가 높다는 것을 보여주기도 한다. 지수의 문제가 아니라 우리나라 경제·산업구조의 문제란 얘기다.

# 비싸 보이는데 사야 하나요,
# 기다려야 하나요?

주가가 엄청 올랐는데도 주식을 사야 할까, 더 싼 것을 찾아볼까? 주식투자를 하다 보면 흔히 빠지는 고민 중 하나다. 이 고민에서 어떤 답을 내느냐에 따라 성장주 투자와 가치주 투자로 스타일이 갈린다.

## '진흙 속 진주를 찾자', 워런 버핏의 가치주 투자

가치주란 쉽게 말해서 가격이 싼 주식을 말한다. 이 기업이 벌고 있는 돈이나 향후 비전을 생각하면 지금의 주가가 싸다고 판단되는 주식이 여기에 속한다. 다른 말로는 '저평가 우량주'라고도 한다. 단기적으로 고수익을 안겨주는 주식은 아니지만, 안정적이고 장기적인 투자를 통해 높은 수익을 기대할 수 있는 주식을 말한다.

그다지 화려하진 않아도 우량한 주식에 투자한다고 해서 가치투자를 진흙 속 진주를 찾는 과정에 빗대는 이들도 많다.

가치주 투자자의 대표는 워런 버핏이다. "10년 동안 보유할 주식이 아니라면 10분도 보유해서는 안 된다"는 그의 명언처럼, 우량한 기업을 싼 가격에 산 뒤 장기투자하는 게 그의 투자 방식이다.

하나의 예로 코카콜라가 있다. 코카콜라가 펩시콜라와 치열한 경쟁을 벌이며 주가가 하락해 주가수익비율(PER)이 15배로 하락한 1988년, 버핏은 코카콜라 주식을 12억달러어치 사들인다. 사람들이 꾸준히 코카콜라를 마실 것이란 확신이 있었고, 지금의 주가 하락은 과도하다고 판단한 까닭이다. 이후 버핏의 생각처럼 코카콜라는 점점 세계로 뻗어나갔고, 1990년대가 되자 코카콜라의 PER은 30배 이상으로 올랐다. 버핏은 2025년 4월 기준으로도 코카콜라 주식을 보유하고 있다.

### ✎ '비싼 걸 사서 더 비싸게 팔자', 필립 피셔의 성장주 투자

성장주는 지금 성장률이 높고 앞으로도 성장할 가능성이 높은 기업, 혹은 현재 성장률은 미미하나 앞으로 큰 성장과 수익이 기대되는 기업의 주식을 말한다. 성장주는 미래에 더 큰 성장이 기대되는 주식이기 때문에 현재의 가치보다 주가가 높게 형성되어 있는 것이 특징이다.

대표적인 게 바이오 업종이다. 임상이 성공할지 실패할지는 모르지만 성공하면 큰 수익을 안겨다줄 수 있는 업종. 그래서 지금 이익이 크게 나지 않아도 주가는 높은 수준을 기록하고 있는 업종이 바로 바이오다.

성장주 투자의 대표 주자로 꼽히는 이는 필립 피셔다. 피셔는 "뛰어난 성장 잠재력을 지닌 기업이라면 현재 주가가 비싸더라도 매수해야 한다"고 주장했다. 지금은 비싸더라도 앞으로 기업이 성장하게 되면 주가는 더 비싸지기 때문이다. 비싸게 사서 더 비싸게 팔라는 게 필립 피셔의 투자 방식인 셈이다. 피셔는 1950년대 텍사스인스트루먼츠와 모토로라 등을 사들였는데, 당시엔 이런 전자업종 투자가 지금의 인공지능(AI) 투자와 비슷하게 여겨지던 때였다. 하지만 그는 자신이 투자한 기업이 수십 년 뒤에 더욱 크게 성장해서 더 큰 수익을 안겨줄 것이란 생각으로 베팅했고, 결과적으로 모토로라에서만 무려 2천 배가 넘는 수익률을 기록했다.

### ✏️ 경기 사이클과 가치주·성장주의 관계

가치주 투자와 성장주 투자는 '가격' 측면에서 보면 다르지만, 결국 좋은 기업을 사서 성장을 누린다는 점은 동일하다. 그래서 두 투자법을 전혀 다른 투자라고 볼 순 없다. 스타일이 다소 다를 뿐이다. 그렇다면 가치주 투자가 좋은 때와 성장주 투자가 좋은 때는 언제일까? 보통 경기가 안 좋을 때는 성장주의 주가가 뛰는 양상을 보인다. 경기가 하락하면 성장을 하는 기업이 드물기 때문에 몇 안 되는 성장주가 득세하는 경향이 있기 때문이다. 반면 경기가 좋아지면 성장이 흔해지고, 상대적으로 가격 메리트가 있는 가치주가 시장을 주도하게 된다.

금리 역시 가치주·성장주의 투자와 관련이 있다. 저금리·저성장 시대에 성장주는 그 자체로 희소해 프리미엄을 받았지만, 금리가 정상화되면 높은 밸류에이션이 부담으로 작용해 가치주의 상대적 매력이 다시 부각된다. 금리가 오르면 위험성이 낮은 국채만 사도 예전보다 수익을 더 얻을 수 있으니 구태여 성장주라는 높은 리스크를 질 필요가 적어진다. 그래서 금리가 오를 때엔 성장주보단 가치주가 더 빛난다고들 한다.

무작정 주식을 사보기로 한 나. 그런데 왜 계좌에 있는 돈만큼 주식이 사지지 않는 걸까? 우여곡절 끝에 어찌저찌 주식을 사긴 했는데 갑자기 날라온 '미수금을 초과했다'는 문자 메시지. 아니, 내가 빚을 썼다고? 무서운 마음에 주식을 팔았는데 왜 판 돈은 바로 계좌에 안 들어오는 건지, 수수료 평생 무료라던 증권사의 말과는 다르게 떼는 돈은 왜 이렇게 많은 건지. 2장에선 거래에 관한 기초지식을 알려준다.

2장

저는 주식거래가
처음입니다

# 수수료 평생 무료라더니
# 떼는 돈이 왜 이렇게 많나요?

증권사가 말하는 평생 수수료는 매매수수료뿐이야.
유관기관 수수료나 증권거래세처럼 여전히 떼이는 돈이 많으니 주의해야 한다고.
앗차, 주식으로 돈을 많이 벌면 떼는 세금도 많다는 거 잊지마!

'수수료 평생 무료'라던 증권사 말만 믿고 그 증권사에 계좌를 개설해 주식을 거래했던 A씨는 계좌 내역을 살펴보며 의아함을 느꼈다. 주식을 사고팔면서 떼는 돈이 꽤 많았던 탓이다. 대체 왜 이런 일이 벌어진 걸까? 수수료가 무료라던 증권사의 말은 거짓말이었던 것일까?

### 매매 수수료만 공짜, 유관기관 수수료·증권거래세는 유료

주식을 거래할 때마다 증권사에 내는 수수료를 '매매수수료'라 부른다. 매매수수료란 매수·매도할 때마다 내는 수수료이며,

이익을 봤든 손실을 봤든 간에 매수·매도 금액의 일정 부분을 내야 하는 것이다. 증권사마다 매매수수료는 조금씩 다르지만, 온라인으로 증권사 앱에 가입해 온라인으로 매매할 경우 매매대금의 0.01% 남짓이 떼어진다. 증권사가 '수수료를 공짜로 해주겠다'라고 말할 때 수수료는 이것을 말한다.

그런데 증권사의 수수료 공짜 이벤트 광고를 자세히 보면 '유관기관 수수료 및 매도시 세금은 제외'라는 말이 써 있다. 먼저 유관기관 수수료란 주식을 거래할 때 거치는 기관에 내는 수수료를 뜻한다. 내가 가진 주식은 한국예탁결제원이라는 곳에 전자로 보관되어 있고, 이렇게 보관된 주식이 한국거래소와 넥스트레이드(NXT) 등 거래소를 통해 매수·매도자들 사이에서 거래되는 것이다. 개인이 주식 거래를 할 때마다 이들 기관을 통해야 하기 때문에 이들에게 수수료를 내야 한다. 이 수수료는 거래대금당 0.004% 정도다. 100만원짜리 주식을 사고 팔았다면 총 80원 정도가 수수료로 나가는 셈이다.

한편 주식을 매도할 때에 발생하는 세금은 '증권거래세'라고 불린다. 정부는 2025년 말 현재 코스닥 시장에서 주식을 매도할 때마다 매도 대금의 0.15%를 세금으로 떼간다. 다만 코스피 시장에서는 증권거래세를 떼지 않고, 농어촌특별세만 0.15%를 뗀다. 국내 시장에 상장되어 있는 상장지수펀드(ETF)와 상장지수증권(ETN)을 매매할 때는 증권거래세를 떼지 않는다.

## 주식을 하면 만나는 배당소득세와 양도소득세

배당을 주는 주식을 보유한 투자자라면 배당소득세를 뗀다는 걸 기억해야 한다. 배당을 줄 때마다 이 배당소득세를 떼고 남은 배당금만 계좌로 입금을 해주기 때문이다. '소득이 있는 곳엔 세금을 부과한다'는 조세원칙에 따른 세금인데, 배당세율은 15.4%(지방소득세 포함)다. 배당금이 1만원이라면 1,540원을 떼고 8,460원만 입금되는 셈이다. 배당소득세는 해외 주식에 대해서도 동일하게 적용된다. 배당소득이 연간 2천만원을 넘긴다면 연금·사업·근로소득 등과 합산해 종합소득세 신고를 해야 하니 주의가 필요하다.

한편 '양도소득세'라는 것도 있는데 소액주주라면 크게 신경 쓰지 않아도 되는 항목이다. 양도소득세란 주식을 팔 때 그동안 주가가 상승한 차익분에 대해 떼는 세금인데, 일반 소액주주라면 코스피·코스닥 시장에서 주식을 매도해도 이 세금을 떼지 않는다.

문제는 너무 많은 주식을 보유한 대주주의 경우다. 2025년 11월 기준으로 코스피 시장과 코스닥 시장에서 각각 시가총액 1% 이상, 2% 이상의 지분을 가지거나, 시장 불문 한 종목을 50억원 이상 보유한 이들을 대주주로 분류해 단 1주만 매도해도 22%(지방소득세 포함, 과세표준 3억원 초과분은 27.5% 세율 적용)의 양도소득세를 뗀다.

## 해외주식엔 무조건 양도소득세를 뗀다

해외주식의 경우 국내주식과 달리 양도소득세를 의무적으로 내야 한다. 수익 중 250만원은 기본 공제 대상이나, 나머지 금액에 대해서는 22%의 세율이 적용된다. 1년 동안 거래한 주식의 전체 손익을 기준으로 세금이 부과되며, 거래한 종목 수나 거래 국가는 무관하다.

예컨대 A씨가 2020년 미국의 아마존 주식을 사서 300만원의 수익을 챙겼다면 공제대상인 250만원을 제외한 50만원에 대해 양도소득세를 신고, 납부해야 한다. 그러나 같은 해 홍콩의 텐센트 주식을 사서 100만원의 손실을 봤다면, '아마존 이익＋텐센트 손실＝총 200만원 수익'으로 계산되어 양도세가 부과되지 않는다.

250만원 이상의 차익이 발생했음에도 불구하고 자진신고를 하지 않으면 납부세액의 20%, 적게 신고하면 10%의 가산세가 붙는다. 해외주식을 거래한 투자자는 발생한 매매차익에 대해 이듬해 5월 말까지 자진신고 및 납부를 마쳐야 한다.

여기까지가 현행 제도다. 세금제도가 계속 달라지고 있으니 주의가 필요하다. 세법 개정안은 국회 통과 과정에서 달라질 가능성이 있다. 따라서 달라지는 세금 제도에 꾸준히 관심을 기울일 필요가 있다.

# 주식을 판 돈이
# 오늘 바로 안 들어와요

"오늘은 내가 쏜다!" 최근 주식으로 톡톡히 재미를 봤던 A씨는 주식을 판 돈으로 친구들에게 술 한 잔을 사기로 약속했다. 그러나 증권사 계좌에서 주식을 판 돈을 빼려고 했던 A씨는 인출할 수 있는 돈이 없다는 안내를 보고 당황했다. A씨는 분명히 주식을 팔았는데 왜 인출할 수 있는 돈이 없었던 걸까?

## 주식결제의 기본인 'T+2' 시스템

한국에선 주식을 매수하고 매도한 그 시점에 바로 결제가 되지 않는다. 주문한 날에서 2거래일 뒤에 실제 결제가 이뤄진다. 오늘 주식을 매도한다면 오늘 가격으로 매도는 되지만, 이 매도 금액은 2거래일 뒤에나 통장에 들어오고 그 후에 인출이 가능하다. 마찬가지로 주식을 매수했다면 매수 또한 오늘 가격으로 되지만, 이 매수 금액이 2거래일 뒤에나 통장에서 빠져나간다. 현금으로 바뀌는 데 이틀이 걸리는 셈이다.

다만 매도 금액이 실제로 내 계좌에 입금되기 전에 그 금액만큼 다른 종목을 살 수는 있다. 예를 들면 주식을 매도하면 계좌 내 '예수금 T+2' 항목에 주식을 판 금액이 더해져 표시되는데, 그 돈을 모두 출금할 수는 없어도 그 돈으로 다른 주식을 매수하는 건 가능하다는 얘기다. 쉽게 말해 월요일에 B주식을 5만원어치 매도했다면, 당일날 C주식을 다시 5만원어치(제세공과금 등은 편의상 제외) 사들일 수 있다. 단지 돈만 인출할 수 없을 뿐이다.

## 보이지 않는 복잡한 전산 시스템이 만들어낸 T+2

이는 중간에 한국예탁결제원(이하 예탁원)이라는 기관이 끼어 있기 때문이다. 내가 가진 주식은 증권사가 아닌 예탁원에 전자증권의 형태로 보관되어 있고 증권거래소를 통해서 거래가 이뤄진다.

그런데 예탁원에서는 거래가 이뤄질 때마다 일일이 출금해서 정산하고 계좌에 주식을 넣어주지 않고, 특정 주식이 김씨에서 이씨로 소유권이 바뀌면 증권 위에 '김씨'란 이름을 지우고 '이씨'란 이름을 적어넣고 거래대금만 정산해준다. 그러니 B 주식을 판 돈이 실제론 계좌에 아직 들어오지 않았어도 다시 C 주식을 바로 살수 있는 것이다. 물론 증권계좌에는 실제 주식을 갖고 있는 것처럼 표시가 되긴 하지만 말이다.

그렇다면 예탁원이 중간에 들어간 이유는 무엇일까? 예탁원이 중간에 끼게 되면 거래는 보다 정확해지고 편리해진다. 원래라면 주식을 파는 사람과 사는 사람이 직접 만나 돈과 실물 주식(주권)을 교환해야 했을 것이 예탁원에 맡겨놓기만 하면 거래가 이뤄질 때마다 예탁원이 알아서 거래를 체결해주기 때문이다. 실물로 교환하다보면 주식을 잃어버릴 수도 있고, 위조된 주식을 받을 위험성이 있는데 이를 방지해주기도 한다.

하지만 예탁원으로 전산시스템이 넘어갔더라도 거래하는 과정에서 매매가 잘못되었을 수도 있으므로 확인하고 정정하는 과정이 필요하다. 주주명부에 이름을 넣는(명의개서) 등 각종 복잡한 절차가 이뤄지다 보니 예탁원에 실제 주식이 결제되는 건 거래일로부터 이틀이 지난 뒤에야 가능하게 된 것이다. 이것이 T+2 시스템이 짜여진 배경이다.

그렇지만 증권 전산이 점차 고도화되어가고 있기 때문에 이 결제주기가 향후에는 더 단축될지도 모른다. 과거에는 주식이 결제되기까지 이틀하고도 반나절이 더 걸렸었지만 T+2로 단축되기도 했다.

# 미수금 발생?
# 제가 빚을 내 투자를 한 건가요?

A씨는 얼마 전 증권사로부터 이상한 문자 한 통을 받았다. 분명 어제 주식통장에 100만원을 넣었다고 생각해서 그만큼의 주식을 매수했는데, 알고 보니 통장엔 50만원밖에 없었고, 50만원어치의 미수금이 발생했다는 것이다. 미수금 발생? 자기도 모르게 빚을 내 투자를 한 셈이다.

내가 빚을 냈는지 미리 확인할 수 있는 방법은 없을까? 혹은 애초에 빚을 낼 수 없게끔 만들 수는 없을까? 만약 빚을 당장 안 갚으면 어떻게 되는 걸까?

하지만 겁 먹을 필요 없다. 왜 나도 모르는 사이 미수금이 발생했는지, 미수금을 없애려면 어떻게 할 수 있는지 알아보는 법은 생각보다 간단하기 때문이다. 미수금이 생기는 과정과 이를 해결하는 방법 등을 알아보자.

### 내가 빚을 냈을까? 'T+2 예수금'을 보면 된다

미수거래란 일정한 증거금으로 주식을 산 뒤 이틀 뒤에 갚는 거래를 말한다. 예컨대 삼성전자의 증거금율은 30%인데, 100만 원어치 삼성전자 주식을 사고 싶다면 일단 30만원만 증거금으로 내고 나머지 70만원을 이틀 뒤(영업일 기준)에 계좌에 넣어두는 방식이다. 증거금은 종목마다 다르다.

> **예시** 계좌예수금 : 30만원 / 주식의 증거금율 : 30%
> 체결된 주식매수금액 : 100만원
>
> T 예수금 : 30만원 / T+1 예수금 : 30만원
> T+2 예수금 : -70만원 ⇐ 미수 발생

미수거래를 할 것인지, 혹은 100% 현금으로만 거래를 할 것인지 여부는 증권사 계좌를 만들 때 선택할 수 있지만 대부분의 경우 이를 제대로 확인하지 않고 넘어간다. 하지만 계좌 잔고만 봐도 미수를 썼는지 안 썼는지 알 수 있는 방법이 있다. 바로 '예수금'을 체크하면 된다.

예수금이란 증권사 계좌에 들어 있는 현금이다. 그러나 예수금 전부를 바로 출금할 수 있는 건 아니다. 주식을 주문하면 이틀 뒤(영업일)에 결제가 되기 때문이다. 인출 가능한 현금이 얼마인지를 보려면 'T+2 예수금' 항목을 살펴봐야 한다.

만약 T+2 예상 예수금이 마이너스일 경우 그만큼 미수금액이 발생했단 얘기이기 때문에, T+2일까지 그 금액만큼 계좌에 현금을 반드시 채워 넣어야 한다. 증권사마다 허용 가능한 시간은 다르나, 보통 T+2일이 되는 오후 10~11시 무렵까지 채워 넣으면 문제가 없다.

만약 오늘 특정 종목이 반드시 상승한다는 확신이 있다면 미수거래는 좋은 도구가 될 수 있다. 예컨대 20만원의 증거금을 가지고 100만원어치 주식을 샀다고 가정해보자. 당일 오후 해당 종목이 상한가를 기록해 130만원이 되고, 이때 이를 매도하면 투자자는 20만원으로 150%(30만원)의 수익을 내게 되는 것이다. 다만 당일 매수·매도하지 않을 경우 미수금이 생길 수 있으니 미수거래는 당일에 모두 끝내는 게 안전하다.

### 빚을 못 갚으면 증권사가 마음대로 주식을 판다

만약 미수금액이 발생했다는 문자를 제때 보지 못했다가 이틀 뒤까지 빚을 못 갚았다면 어떻게 될까? 증권사는 영리기업이기 때문에 투자자의 사정을 봐주지 않고, 단 1원의 손해도 용납하지 않는다. 빚을 못 갚으면 그 금액만큼 3일째 되는 아침에 장이 열리자마자 증권사가 투자자의 주식을 마음대로 팔아버린다. 이를 '반대매매'라고 부른다.

반대매매가 무서운 이유는 주식을 그냥 팔아치우는 게 아니라 하한가를 기준으로 팔아버린다는 점이다. 예를 들어 70만원의 미수가 발생한 종목의 주가가 반대매매 전날 1만원이라고 가정하면 다음날 오전 종가의 하한가인 7천원을 기준으로 총 70만원어치, 즉 100주를 팔아버린다. 수량은 하한가로 맞춰서 산정하지만, 팔 때는 시장가에 판다. 다만 미수가 발생했을 수량보다 더 많은 수량이 산정되어 팔릴 수 있으니 주의가 필요하다. 심지어 미수가 발생한 종목의 주식을 다 판 뒤에도 미수금을 갚기에 부족하다면 증권사는 해당 투자자가 최근 매입한 종목순대로 주식을 더 팔아버린다.

따라서 이런 미수거래가 신경 쓰이고 불편하다면 아예 미수거래가 안 되게끔 막아두면 된다. 계좌의 증거금률을 100%로 설정한다면 보유한 현금만큼만 주식을 살 수 있다. 미수거래는 일단 수중에 현금이 없어도 주식거래를 할 수 있다는 장점이 있지만, 만약 갚지 않으면 큰 손해를 볼 가능성이 높기 때문에 신중하게 선택해야 한다. 특히 초보 투자자의 경우 증거금률을 100%로 놓고 거래하는 것을 추천한다.

## 미수거래와 같은 듯 다른 '신용거래'

신용거래는 미수거래와 똑같이 증권사에서 돈을 빌려서 투자하는 것을 말한다. 현금을 빌려서 투자하는 신용거래는 '신용융자거래'라고 부르고, 주식을 빌리는 신용거래는 '신용대주거래'라고 부른다. 신용융자거래의 경우는 보증금을 담보로 맡기고 돈을 빌려 투자한 뒤, 주가가 오르면 빌린 돈을 갚고 차익을 남기는 형식이다.

한편 신용대주거래는 증권사에 보증금을 맡기고 주식을 빌려서 일단 팔아치운 뒤, 해당 종목의 주가가 떨어지면 되사서 증권사에 갚은 뒤 차익을 남기기 위해 자주 이용된다. 주로 신용융자거래는 상승에, 신용대주거래는 하락에 베팅하는 방식이다.

미수거래는 이틀 뒤에 결제되지만 신용거래는 결제일 기준으로 30~90일까지 빚을 내 투자할 수 있다. 다만 미수거래와는 다르게 해당 기간 동안 정해진 이자를 내야 하는데, 이자율은 빌린 기간에 따라 달라진다. 또한 증거금률은 미수거래보다 더 높게, 즉 보통 40~50% 수준으로 책정되어 있다. 미수거래가 20~30%의 증거금만으로도 가능했던 것에 반해 신용거래의 허들이 더 높은 셈이다.

이 신용거래의 경우에도 담보금이 부족하면 영업일 기준으로 이틀 뒤에 자동적으로 반대매매가 이뤄진다. 보통 융자금이나 대주(주식가격 상당액)의 120~130%를 담보로 잡는데, 이 담보금이 해당 비율 미만으로 떨어지면 증권사가 투자자의 주식을 임의로 팔아치운다. 이 경우에도 하한가에 맞춰 수량이 매도되므로 주의가 필요하다.

### 빚 투자가 끝없는 주가 하락의 주범일 수도

주가 하락과 '빚 투자'가 만나면 끝없는 주가 하락의 악순환을 만들어낼 수도 있다. 실제 미국과 중국 간의 무역분쟁이 가열되었던 2018년 10월 코스피 지수는 연중 최저점을 계속해서 갈아치웠었는데, 지수를 계속 끌어내리는 주범이 이 빚 투자라는 지적이 나왔었다.

주가가 내려가면 담보 가치가 떨어지면서 반대매매가 일어나고, 또 반대매매로 매도가 나오다 보니 재차 지수가 하락하는 악순환이 반복된 탓이다. 이 과정에서 소위 '깡통계좌(투자자 본인 돈과 증권사로부터 빌린 돈을 합쳐 사들인 주식 가격이 빌린 돈 밑으로 떨어진, 담보유지비율이 100% 미만인 계좌)'가 수없이 발생해 많은 투자자들이 큰 손해를 입었다. 빚을 내 투자를 하는 건 그만큼 신중해야 한다는 것을 보여주는 일례다.

# 시간마다 달라지는
# 거래 방식에 주의하자

개장 전, 중, 마감 후 각각의 시간대마다 거래 방식이 달라져.
내가 낸 주문을 적절한 시간에 빨리 체결하고 싶다면
각 시간대의 거래 방식을 잘 알아두자.

주식을 사거나 팔기 위해선 사람들에게 '나 얼마에 몇 주 살게요, 팔게요'라고 알려야 한다. 이렇게 사거나 팔려는 주식 가격을 부르는 행위를 '호가'라고 한다. 주식을 사기 위해 가격을 제시하는 것을 '매수호가', 팔기 위해 제시하는 것을 '매도호가'라고 한다.

투자자가 증권사에 매수호가, 매도호가만 제시하면 원하는 가격에 거래가 알아서 척척 이뤄지게 될까? 그렇지 않다. 내가 주당 1만원에 사겠다고 매수호가를 내도 언제 거래하느냐에 따라서 주식을 9천원에 사게 될 수도, 1만 1천원에 사게 될 수도 있기 때문이다.

한국 증권거래소의 정규장은 오전 9시부터 오후 3시 30분까지다. 그러나 2025년 3월, 대체거래소인 넥스트레이드(NXT)가 생기면서 주식투자자는 오전 8시부터 오후 8시까지 주식거래가 가능해졌다. 다만 한국거래소를 통해서 거래하느냐, NXT를 통해서 거래하느냐에 따라 거래 방식이 조금씩 달라진다. 시간대별로 거래가 가능한 거래소와 거래 방식을 알아보자.

### 8시부터 9시까지 거래하는 법

NXT에서는 오전 8시부터 8시 50분까지 '프리마켓'이라고 해서 장전 거래가 가능하다. 다만 일반 시장가 주문은 불가능하고 최유리지정가와 최우선지정가로만 거래가 가능하다. 가격에 대한 자세한 설명은 뒤에서 다룰 '10주 살 돈이 있는데 8주밖에 안 사져요'라는 칼럼에서 다루겠다.

한국거래소를 통해서는 오전 8시 30분부터 거래가 가능한데 8시 40분까지 10분간만 가능하다. 다만 전일 종가로만 거래가 가능하다. 이와 별도로 8시 30분부터 9시까지는 '시가 단일가 매매'도 병행 적용된다. 30분간 매수, 매도호가만 받은 후 '9시 땡!' 했을 때 시가로 한 번에 거래를 체결하는 방식이다.

거래 체결이 가능한 매수·매도호가를 연결하고 그중 가장 많이 거래될 수 있는 가격이 시가가 된다. 8시 30분에서 8시 40분 사이에는 '시간 외 전일종가 매매' 또는 '시가 단일가 매매' 중 하나를 선택해 매매하게 된다.

두 거래소 모두 투자가 가능한 시간대에는 증권사 앱을 통해 투자자들이 NXT에서 거래할지, 한국거래소를 통해 거래할지 고르면 된다. 가격 결정 방식이 다르긴 해도 결국 비슷한 가격으로 수렴되기 마련이므로 시간대에 따라 편한 거래소를 고르면 된다. 한편 오전 8시 50분부터 9시까지는 어느 거래소든 일반 투자자들의 거래가 불가능하다.

### 9시부터 오후 3시30분까지는 정규장

오전 9시부터 오후 3시 20분까지는 접속매매 방식으로 운용된다. 여러 가격이 경합을 벌여 거래를 체결하는 방식이다. 가장 비싼 매수호가와 가장 싼 매도호가를 먼저 체결하는 '가격 우선 원칙'과 호가를 먼저 낸 순서대로 거래를 체결하는 '시간 우선 원칙'을 적용한다.

예를 들어 A는 1만 500원에 100주를, B는 1만 100원에 200주를 사겠다고 했다고 치자. 그리고 C는 1만 200원에 200주를, D는 9,900원에 200주를 팔겠다고 하며, E는 1만 400원에 300주를 사겠다고 한 것으로 가정해보자.

호가는 A, B, C, D, E순으로 나왔다. 이때 가장 먼저 거래가 체결되는 것은 A와 C의 100주다. 거래가격은 A가 제시한 1만 500원이다. 그 다음 B와 D는 B가 제시한 1만 100원에 200주를 거래한다. 이후 C가 남은 100주를 E와 1만 200원에 거래하게 된다. 장중 주가는 1만 500원, 1만 100원, 1만 200원으로 변한다. 오후 3시 20분부터 정규장이 끝나는 오후 3시 30분까지는 '종가 단일가 매매' 방식으로 거래된다. 시가 단일가 매매와 똑같이 종가를 만들기 위해 10분간 매수호가, 매도호가만 받고 3시 30분에 단일가로 거래를 체결하는 것이다.

장이 끝나기 직전인 오후 3시 20분부터 3시 30분까지 10분간 한국거래소는 또다시 호가만 받는다. 이때 호가는 당일 종가 하나다. NXT에서는 오후 3시 30분부터 3시 40분까지 일반 지정가로만 거래가 이뤄진다.

### 장이 끝나도 매매는 계속된다

한국거래소에서는 오후 4시부터 오후 6시까지 '시간 외 단일가 매매' 방식으로 거래된다. 4시부터 매 10분 단위로 호가를 모았다가 하나의 가격을 산출해 10분마다 거래를 체결하게 된다. 이렇게 2시간 동안 12번의 단일가가 산출되고 거래가 체결된다. 이 이후로는 다음날이 될 때까지 거래가 이뤄지지 않는다.

NXT에서는 장이 끝나고도 더 다양한 방식으로 더 오래 거래가 가능하다. NXT를 통해선 오후 3시 40분부터 오후 8시까지 일반 지정가뿐만 아니라 최유리지정가, 최우선지정가 등 3가지 가격으로 주문이 가능하다.

2025년 말 기준으로 NXT는 한국거래소에 비해 거래가능한 종목수가 적은 편이다. 출범 초기 2025년 3월에는 10개 우량주로 시작하였고, 단계적으로 종목을 확대해 현재 시가총액이 크거나 거래량이 많은 주요 종목 위주로 800개 종목을 거래하고 있다. 다만 거래 가능 종목이 점점 늘고 있으므로 투자자 입장에선 앞으로 더 다양한 종목을 오래 거래할 수 있을 것이다.

■ 한국거래소(KRX)와 넥스트레이드(NXT)의 시간대별 거래 방식

**정규시장 거래시간**

※NXT 가능 종목은 '시간외단일가'가 없어요.

출처: 신한투자증권

# 종목은 하나인데 가격은 왜 여러 개가 있죠?

시가, 고가, 저가, 종가, 상한가, 하한가….
한 종목에 붙은 가격표가 여러 개니 헷갈린다.
이 가격들의 의미는 대체 무엇이고 또 어떻게 형성되는 걸까?

종목은 하나인데 주식 가격은 여러 개다. 이름만 들어도 그 뜻이 대략 짐작은 가겠지만 알쏭달쏭한 경우도 있다. 주식을 시작한 지 얼마 안 된 투자자 중에는 "시가, 고가, 저가, 종가 중 '시가'는 영 모르겠다. 식당 메뉴판의 해산물 이름 옆에 적혀 있는 그 '싯가'냐?"며 헷갈려 하는 경우가 있다.

9시 땡! 하고 정규 시장이 열리자마자 HTS가 가리키는 주가가 바로 시가다. 시가는 시작가, 시초가의 줄임말이다. 정규시장 동안 주가가 오르락내리락하면서 움직이는데 가장 높게 거래된 가격이 고가, 가장 낮게 거래된 가격이 저가다. 종가는 마감가다. 오후 3시 30분 정규장이 끝난 뒤의 주가를 가리킨다.

다만 고가와 저가에는 한계선이 있다. 고가는 전일 종가보다 30% 이상 오르지 못한다. 반올림해 30% 올랐다면 그 가격을 상한가라고 한다. 하한가는 전일 종가보다 30% 아래로 하락한 것을 말한다. 그 이하로 떨어질 수 없다. 전일 종가가 1만원이라면 그 다음날 주가는 7천원에서 1만 3천원 사이에서만 움직일 수 있도록 가격 변동폭이 제한되어 있다.

투자자들이 가장 궁금해 하는 것은 '왜 오늘의 시작가가 어제의 종가와 다른가' 하는 것이다. '어제 장이 끝날 때 1주당 1만원에 마감되었다면 그 다음날 시초가도 1만원이어야 하는 것 아니냐'는 의문을 제기할 수도 있다.

주가가 회사의 가치가 얼마인지 보여주는 잣대인데, 전일 종가는 회사의 가치를 제대로 보여주지 못한다. 오후 3시 30분 이후 그 다음날 장이 시작할 때까지 17시간 30분 동안 회사에 예상치 못한 일이 벌어질 가능성이 있기 때문이다. 그러니 거래가 끊겼다가 다시 시작되는 시초가는 전일 종가와 달라져야 한다.

실제로 코오롱생명과학의 2020년 4월 13일 종가는 2만 6,900원이었는데, 그 다음날 시가는 그보다 무려 29.9% 오른 3만 4,950원이었다. 코오롱생명과학의 계열사 코오롱티슈진의 관절염 치료제가 미국 임상을 재개한다는 소식에 주가가 오른 것이다.

그렇다면 왜 29.9%나 올려서 시작한 것일까? 시가, 종가에는 가격을 만드는 특별한 방법이 있다. 시가, 종가는 일정 시간 동안 접수받은 매매 주문을 같은 시각에 하나의 가격으로 집중 체결하는 '단일가 매매 방식'을 적용한다.

오전 8시 30분부터 9시까지 투자자들에게 매수·매도 주문을 받은 것은 9시에 시가가 되고, 오후 3시 20분부터 오후 3시 30분까지 받은 매매 주문은 그날의 종가가 된다. 이 시간 동안에는 주문만 받았다가 단일가가 산출되면 각각 오전 9시, 오후 3시 30분에 한꺼번에 거래가 체결된다. 단일가 매매는 주식 거래가 중단되었다가 다시 거래되는 경우나 장 마감을 앞두고 매매 주문이 한꺼번에 몰려 주가가 급변할 가능성이 높은 경우, 신속하게 균형 잡힌 가격을 찾아준다는 장점이 있다.

### 시가와 종가는 어떻게 만들어지나?

단일가, 즉 하나의 가격은 어떻게 만들어질까? 일종의 커플 매칭 게임이라고 생각하면 쉽다. 주식을 매수하겠다는 사람은 더 비싸게 사겠다고 하고 주식을 팔겠다는 사람은 더 싸게 팔겠다고 하면 '가격 우선 원칙'에 따라 먼저 커플이 된다. 먼저 나온 주문은 '시간 우선 원칙'에 따라 먼저 맺어진다. 이후 마지막에 매칭된 거래의 가격이 단일가가 된다.

예를 들어 전일 종가가 1만원인 주식이 있다고 가정해보자. 그 다음날 아침 A는 이 주식을 1만 1천원에 50주 사겠다고 하고 B는 9천원에 40주를 사겠다고 한다. C는 9,300원에 30주를 팔겠다고 하고, D는 9,500원에 30주를 팔겠다고 한다. 주문은 A, B, C, D 순으로 나왔다. 매수측에선 A → B 순으로, 매도측에선 C → D 순으로 매칭이 이뤄진다.

일단 A와 C는 30주를 거래할 수 있다. A는 1만 1천원 이하로만 주식을 사면 되고, C는 9,300원 이상으로만 팔면 되니 서로 만족할 만한 거래다. A는 남은 20주를 D와 거래할 수 있다. B와 D는 가격이 맞지 않아 거래가 불가하다. B는 9천원 이하로만 사겠다고 하고 D는 9,500원 이상은 받아야 팔겠다니 말이다.

그러면 마지막 거래는 A와 D의 거래다. 그런데 A가 제시한 가격은 1만 1천원이고, D가 제시한 가격은 9,500원이다. 투자자가 제시한 매수·매도 가격이 다를 경우엔 직전 가격과 가까운 가격이 단일가가 된다. 시가 결정시엔 전일 종가가 직전 가격이고, 종가 결정시엔 오후 3시 20분 마지막 체결가격이 직전 가격이다. 그러므로 9,500원이 단일가가 된다.

다만 '시가 단일가 매매'에서 시가가 상한가 또는 하한가로 결정되는 때에는 동시호가를 적용한다. 동시호가는 말 그대로 호가가 같은 시간에 나왔다고 가정하는 것이다. 즉 시간은 무시하고 '가격 우선 원칙'에 따라 거래를 체결한다. 가장 먼저 호가를 제시한 투자자가 대량으로 주문할 경우 이 투자자만 주식 매수·매도를 독식하게 되기 때문에 상한가·하한가 가격대 주문을 낸 투자자에 대해선 주문 수량이 많은 순으로 한국거래소 규정에 따라 주식을 배분한다.

첫 번째 호가 제시자인 A가 상한가인 1만 3천원에 무려 1천만 주를 사겠다고 했는데, 동시호가를 적용하지 않으면 주식 전체 매도물량을 A만 차지하게 된다. 동시호가는 거래를 원하는 투자자 다수의 수요를 충족시키기 위한 것이다.

단일가 매매를 잘 활용하면 기대치보다 주식을 더 저렴하게 살 수도, 더 비싸게 팔 수도 있다. 앞선 예에서 A의 경우 1만 1천원에 사려고 했던 주식을 9,500원에 샀고, C 역시 9천원에 팔려던 주식을 500원 더 비싸게 팔았다.

# 10주 살 돈이 있는데
# 8주밖에 안 사져요

주식을 얼마에 사겠다고 직접 결정해 살 수도 있지만,
몇 주를 사겠다고 결정만 하면 알아서 가장 유리한 가격에 주식을 사주기도 한다.
주식을 사는 5가지 방법, 뭐가 제일 유리할까?

증권 계좌에 예수금 120만원이 있고 A종목은 장중에 주당 1만 100원에서 거래되고 있다. A종목이 더 오를 것 같아 100주를 사겠다고 매수 주문을 냈다. 그런데 어라? 증거금이 부족하다며 100주를 못 산다고 한다. 증거금은 주식 거래 결제를 위한 보증금을 말한다. 1만 100원짜리 주식을 100주 사겠다고 하면 101만원만 있으면 되고, 그러고도 19만원이나 남는데 도대체 뭐가 부족하단 말인가.

만약 이런 상황을 겪게 된다면 HTS상에서 '시장가 주문'을 선택했는지 잘 살펴봐야 한다. 시장가 주문의 경우 '매수'는 상한가를 기준으로 증거금을 산정하고, '매도'는 하한가를 기준으로 증거금을 계산한다.

A종목이 전날 1만원에 거래를 마쳤다면 증권 계좌에 130만원 이상 있어야 100주를 살 수 있단 얘기다.

### 지정가 주문, 시장가 주문, 조건부 지정가 주문

주식 매수 및 매도 주문을 낼 때 호가를 부르는데, 호가를 부르는 5가지 방법이 있다.

가장 많이 사용되는 방법은 '지정가 주문'이다. 투자자가 A종목을 얼마에 몇 주 사거나 팔겠다고 명확히 가격을 명시해 주문을 내는 방법이다. 1만원에 사겠다고 하면 1만원 이하에 나와 있는 매도 주문과 체결되고, 1만원에 팔겠다고 하면 1만원 이상으로 사겠다는 매수 주문과 체결된다. 투자자가 지정한 가격보다 불리하게 거래가 이뤄지지 않는다는 장점이 있다.

그러나 희망하는 가격에 부합하는 매수·매도 주문이 없다면 거래가 이뤄지지 않는다. 1만원에 매수 주문 100주를 냈는데 매도 주문은 50주밖에 없다면 50주만 거래된다.

'시장가 주문'이라는 것도 있다. '얼마에 사겠다, 팔겠다'보다는 일단 '사고 보자, 팔고 보자'는 투자자들이 내는 주문이다. 이는 주가가 폭등하거나 폭락할 때 유리하다. 주식을 사거나 팔겠다는 마음이 지정가 주문을 낸 투자자보다 강하기 때문에 시장가 주문은 지정가 주문보다 먼저 체결된다. 주문 수량 대부분이 즉시 거래되지만 매수 또는 매도물량이 맞지 않는다면 거래가 이뤄지지 않을 수도 있다.

지정가 주문과 시장가 주문을 합쳐놓은 '조건부 지정가 주문'도 있다. 오전 9시부터 오후 3시 20분까지는 지정가로 주문하지만 이때까지도 거래가 이뤄지지 않은 주문 수량이 있다면 3시 20분부터는 '시장가 주문'으로 전환된다. 시장가 주문으로 전환되면 종가 단일가 매매 개시 시점(오후 3시 20분)에 주문이 접수된 것으로 가정한다. 종가 결정을 위한 단일가 매매에 참여하게 된 것이므로 가격이 맞으면 종가로 거래가 체결된다.

하지만 상한가 매수, 하한가 매도로 '조건부 지정가 주문'을 하는 것은 허용되지 않는다. 상한가 매수, 하한가 매도 주문이 장중에 체결되지 않을 경우 해당 주문은 거래 체결에 유리한 주문임에도 종가 단일가 매매가 개시되는 오후 3시 20분에 제출된 것으로 가정되어 시간 우선 순위에서 밀리게 되기 때문이다.

## 최유리지정가주문, 최우선지정가주문

'최유리지정가주문'과 '최우선지정가주문'도 있다. 최유리지정가 주문은 종목과 수량은 지정하되 주식을 살 때는 시장에 나와 있는 최저가를 부르고, 주식을 팔 때는 최고가를 부르는 주문이다. 매도 주문의 경우 해당 주문 접수 시점에 가장 높은 매수 주문 가격을, 매수 주문의 경우 가장 낮은 매도 주문 가격을 지정한 것으로 가정한다. 주문을 내는 시점에 주문자에게 가장 유리한 가격을 지정했단 의미다.

최유리지정가주문을 냈는데 주문을 낸 모든 수량이 체결되지 않고 일부만 체결될 때도 있다. 이럴 때는 남은 주문 수량에 대해선 최초 거래 가격으로 지정가 주문을 냈다고 가정하고 거래가 이뤄진다. 예컨대 300주를 최유리지정가로 매수 주문을 냈다고 하자. 이중 200주만 먼저 주당 1만원에 체결되었다면 남은 100주도 1만원으로 거래가 체결되도록 한다는 얘기다. 시장에서 나와 있는 주문 중 1만원 다음으로 높은 가격을 찾아 거래되는 것이 아니라 최초 거래 가격을 유지하는 셈이다.

최우선지정가주문은 최유리지정가주문과 정반대다. 주식을 살 때는 해당 주문 접수 시점에 가장 높은 매수 가격을, 주식을 팔 때는 가장 낮은 매도 가격을 지정한 것으로 보는 주문이다. 가격 면에서는 불리하지만 다른 투자자보다 먼저 주식을 거래할 수 있다는 장점이 있다.

# 카카오게임즈 상장한다던데
# 주식을 미리 살 순 없나요?

아파트를 사는 방법은 2가지가 있다. 기존에 살던 사람한테 살 수도 있고, 새 아파트를 청약해 분양받을 수도 있다. 주식도 마찬가지다. 비상장회사가 한국거래소에 처음 상장하면서 투자자들을 공개적으로 모집하는데, 이때 발행하는 주식을 '공모주'라고 한다. 새 아파트 청약과 비슷하다.

## 공모주란 무엇인가?

부모님과 친구의 돈을 모아 설립된 자본금 2억원의 '더 치킨'이 한국거래소에 상장한다고 가정해보자. 상장을 하면서 자본금을 2배로 늘리고 싶다. 친구도 자기가 투자했던 5천만원을 돌려달라고 한다. '더 치킨'은 상장을 통해 2억 5천만원의 자금을 모아야 한다. 그러려면 '더 치킨'이 매년 얼마를 벌어왔고 앞으로 얼마나 벌 수 있느냐 등을 모든 사람들에게 공개해야 한다. 이를 기업공개, IPO(Initial Public Offering)라고 한다. '더 치킨'은 기업 공개를 통해 새 주주를 맞게 된다.

'더 치킨'은 새 주주에게 투자금을 모으면서 주식을 줘야 한다. 이때 주식을 한 주당 얼마에 발행할까를 고민하게 된다. 공모가격이 얼마에 결정되느냐에 따라 발행해야 하는 주식 수도 달라질 것이다. '더 치킨'은 주식 상장을 위해 상장주관사를 결정한다. 상장주관사는 '더 치킨'이 어떤 회사인지 홍보하고, 공모가격을 결정하고, 주식을 청약, 상장하는 모든 과정을 함께하는 매니저 역할을 한다.

상장주관사는 증권사가 맡는다. 증권사 한 곳만 선정될 수도 있고, 기업 규모가 큰 경우에는 여러 곳이 선정될 수도 있다. 상장주관사와 '더 치킨'은 희망 공모가격을 주당 1만~1만 5천원 등 일정 범위 내에서 제시한다.

기관투자가를 상대로 먼저 공모주 청약 기회를 주고, 청약 경쟁률에 따라 최종 공모가격을 정한다. 이를 '수요예측'이라고 한다. 기관들의 인기를 끈다 싶으면 공모가격을 높게 설정해도 되지만 인기가 별로라면 공모가격이 낮게 정해진다. 공모가격이 마음에 들지 않아 상장을 포기하는 경우도 있다. 이후 일반투자자를 상대로 공모주 청약을 하게 된다.

'더 치킨'의 공모가격이 주당 1만원에 결정되었다면 2만주를 신주로 발행하게 된다. 2만주를 발행하면 2억원의 자금이 모아지고 나머지는 친구가 보유한 5천주(5천만원 상당)를 새 주주한테 넘기면 된다(상장을 통해 얻은 이익 중 친구 몫은 없다고 가정). 공모주는 이렇게 주식을 새로 발행하는 '신주 발행'과 이미 발행된 주식을 팔아넘기는 '구주 매출'을 통해 자금을 모집하게 된다.

### 공모주 투자는 어떻게 하나?

공모주도 증권사 HTS에서 청약할 수 있으나 상장주관 증권사에서만 가능하다. 청약을 신청한 주식 가격의 50%만 증권사 계좌에 있으면 이를 증거금으로 공모주 청약을 할 수 있다. 공모가격이 주당 1만원인 주식 100주를 청약했다면 계좌에 50만원이 있어야 한다. 100주를 모두 청약받았다면 나머지 50만원을 추가로 납부하면 된다. 다만 경쟁률이 2대 1이 넘으면 증거금 내에서 자금을 모두 치를 수 있어 사실상 추가 납입이 불필요하다.

그러나 100주가 모두 청약에 성공하는 경우는 흔치 않다. 공모주의 약 60%(나머지 15~20%는 우리사주조합에 우선 배정, 25~30%는 일반투자자 공모)가 기관투자가한테 배정되는 데다 청약 경쟁률이 높으면 주식 배정을 받기가 쉽지 않기 때문이다.

또한 특정 개인이 공모주를 많이 가져가는 것을 방지하기 위해 상장주관사마다 청약 한도가 있고 이에 따른 1인당 한도도 정해져 있다. 청약 경쟁률이 100대 1이고, 100주를 청약했을 경우 고작 1주를 받거나 아예 못 받을 수도 있다. 청약에 성공하지 못한 돈은 환불된다.

어떤 회사가 언제 청약을 하는지, 상장주관사가 어디인지는 한국거래소의 기업공시채널(KIND)의 'IPO현황'에서 손쉽게 확인할 수 있다.

### 공모주 투자 땐 '이것'만은 꼭 주의해야

공모주 투자는 흔히 좋은 주식을 싼 가격에 사들여 상장 첫 날 주가가 많이 올랐을 때 주식을 팔아 이익을 내는 것이다. 상장 첫 날 공모주의 시초가는 공모가격의 90~200%에서 결정되고, 시초가의 ±30%가 상한가, 하한가가 된다. 즉 공모가격이 1만원이라면 9천~2만원 사이에서 시초가가 결정되고, 주가는 시초가가 얼마로 결정되느냐에 따라 6,300~2만 6천원 내에서 거래될 수 있다. 주가가 상한가까지 오른다면 공모가 1만원에 청약한 투자자는 원금의 최대 2.6배까지 회수할 수 있다.

그러나 공모주에 투자할 때는 '공모가격 뻥튀기'에 주의해야 한다. 비상장회사가 상장하는 이유는 자금을 쉽게 조달하기 위해서다. 특히 상장할 때 최대한 많은 자금을 끌어모으려고 한다. 이를 위해 회사는 이익이 많이 나는 것처럼 재무제표를 포장할 가능성이 있다. 공모가격을 높이기 위해서다. 그러다 보니 상장하기 직전연도에만 잠깐 흑자를 내고 상장 이후엔 계속 적자를 내는 회사도 있다.

상장 후 몇 년째 공모가격을 밑도는 주식도 있다. 게임회사 크래프톤은 2021년 8월, 공모가격이 주당 49만 8천원이었고 그해 58만원으로 최고가를 기록했으나 주가가 미끄러져 2025년 11월 기준으로 공모가에 못 미치고 있다.

회사는 희망공모가를 제시하는 몇 군데 증권사 중 1~2곳을 뽑아 상장주관사로 선정하는데 너무 낮은 공모가격을 제시하는 곳은 상장주관사로 선정되기 어렵다. 그러다 보니 공모가격을 높여 자금을 최대한 모으려는 회사와 회사에게 잘 보여야 하는 상장주관사의 이해관계가 '공모가격 뻥튀기'로 이어지기 쉽다.

통상 기관투자가와 일반 투자자들의 청약경쟁률이 높을수록 상장 후 주가가 오르는 게 일반적이지만 반드시 공모가격보다 높은 주가를 보장하진 않는다. 현명하게 투자하려면 전자공시시스템의 투자설명서 등을 통해 공모가격의 산정근거를 확인하고 상장주관사의 상장 주관 이력 등도 확인할 필요가 있다.

공모주 투자는 상장 후 주가가 오르면 바로 주식을 팔려는 수요가 급증하기 때문에 주가 하락으로 이어지기 쉽다. 특히 주식 공모물량의 약 60%를 가져가는 기관투자가가 보유한 주식이 한꺼번에 나올 경우엔 주가 급락폭이 커질 수 있다.

이를 막기 위해 기관투자가가 주식을 일정 기간 동안 강제로

보유한 후에야 팔도록 하는 규정이 있는데 이를 '의무보유 확약'
이라고 한다(의무보유 확약은 기관투자가 선택 사항). 보통 2주, 1개
월, 3개월, 6개월 단위로 의무보유 확약 기간이 끝나는데 이 기간
이 언제 끝나는지, 얼마나 매도 물량이 있는지 등을 미리 확인할
필요가 있다. 이 역시 기업공시채널(KIND)에서 확인할 수 있다.
투자자는 이 시점을 피해 주식을 파는 것이 유리하다.

# 주식으로 어느 정도 수익률을 내야 잘한 건가요?

우리나라 사람들이 주식에 투자하면서 기대하는 수익률은 몇 %일까? 주식으로 어느 정도 수익률을 내야 잘했다고 할 수 있을까?

비트코인이 뜬다 싶으면 비트코인으로 우르르 몰려가 '김치 프리미엄'이란 용어까지 만드는 것을 보면 웬만한 수익률로는 만족을 못할 것 같기도 하다. 김치 프리미엄은 2018년 비트코인 등 가상화폐가 크게 인기를 끌었을 때 만들어진 신조어로 가상화폐 거래가격이 유독 해외보다 우리나라에서 비싸게 거래되는 현상을 뜻한다. 즉 가격에 프리미엄이 붙었다는 것이다.

같은 선상으로 '레버리지, 곱버스(인버스의 2배)'가 우리나라처럼 인기를 끄는 나라도 드물다고 한다. 기초지수의 상승, 하락폭의 2배만큼 이익을 볼 수 있는 상품인데 '더 잃어도 좋으니 2배는 더 벌어보겠다'는 투자심리가 강한 것이다.

이런 투자 성향을 통해 우리나라는 주식에 투자해서 기대하는 수익률이 다른 나라보다 높은 편에 속한다는 것을 알 수 있다. 혹자는 평균 20~30%는 될 것이라고 한다. 기준금리가 마이너스였던 시절 유럽에서는 주식에 투자해 기대하는 수익률이 고작 2%였던 것으로 알려졌다. 원금을 최대한 잃지 않는 것이 목표가 되어버린 것이다.

이처럼 기준금리 수준에 따라 주식에 대한 기대수익률도 달라지기 마련이다.

### ✎ 수익률 기준점이 되는 '벤치마크'

주식에 투자하는 사람마다 기대하는 수익률이 다를 테니 사실상 정답은 없다. 그러나 최소한 5천만원까지 원금이 보장되는 은행 1년 정기예금 평균 금리 약 2.7%(2025년 11월 11일 기준)보단 높아야 할 것이다. 나라가 망하지 않는 한 원금과 이자를 상환받을 수 있는 국고채 금리 2.8%보다 높아야 한다. 은행 정기예금, 국고채 금리 등은 위험이 없는 자산이기 때문이다.

이에 비해 주식은 원금 전액을 잃을 수 있는 위험이 있고 그 위험을 감수하고 투자하는 것이기 때문에 최소한 이들보다는 훨씬 높은 수익을 내야 한다. 그러나 앞서 말한 20~30%와 은행 예금 금리 2.7%는 차이가 너무 크다.

그래서 주식에 투자하는 기관투자가들이 가장 많이 목표로 삼고 기준점이 되는 것이 벤치마크 수익률을 이기는 것이다. 코스피 종목에 투자하면 코스피 지수나 코스피200지수가 벤치마크가 되고, 코스닥 종목이라면 코스닥 지수, 코스닥150지수가 벤치마크가 된다. 마이너스 수익률을 냈어도 벤치마크보다 수익률이 높으면 그 역시 잘했다고 평가받는다.

그러나 개인투자자라면 벤치마크를 아무리 이겼어도 마이너스 수익률에 만족할 수 없을 것이다. 차라리 은행에 예금할 걸 그랬다며 후회할지 모른다. 그러니 벤치마크와 투자 수익률을 비교하는 것은 아무런 의미가 없다.

### ✏️ 투자 위험을 선택하라

다만 투자 위험과 기대수익률은 선택할 수 있다. 투자 위험이 높은 종목을 선택했다면 기대수익률 역시 높을 수밖에 없다. 반대로 투자 위험이 낮은 안정적인 종목을 택했다면 기대수익률도 낮아질 것이다. 주식에 투자할 때는 얼마나 벌 수 있느냐보다 '얼마의 손실을 감당할 수 있는가'를 따져보는 것이 더 중요하다. 그에 따라 기대수익률도, 투자기간도 달라질 것이다.

주식에 투자해 20~30%의 수익률을 얻거나 원금의 2배를 먹겠다는 목표를 세웠다면 변동성이 큰 위험한 종목을 선택해 단기간에 투자할 수밖에 없다. 별다른 이유 없이 오르는 테마주나 작전주 등에 투자해 빨리 수익을 챙기고 나가겠다는 생각을 하게 될 것이다. 이럴 경우 주식은 굉장히 위험한 자산이 되고 그만큼 기대하는 수익률도 높아지지만 원금 손실 가능성도 커진다.

반면 주식에 투자하더라도 국고채나 은행 정기예금 금리보다 조금만 더 수익을 가져가겠다고 생각할 수도 있다. 분기마다, 반기마다 또는 1년에 한 번씩 이자를 받듯이 배당금을 받는 투자 수단으로 생각할 수도 있다. 해외와 비교하면 아직은 멀었으나 이익의 증가나 감소에 크게 구애받지 않고 꾸준히 배당금을 지급하는 종목도 생겨나고 있다. 삼성전자는 2015년에 현금배당 계획 등과 같은 주주환원 정책을 발표한 이후 이익이 반토막 나더라도 1년에 4번 배당금을 지급하고 있다.

주식이 은행 예금이나 채권보다는 훨씬 위험한 자산이지만 투자자가 어떤 마음을 먹었느냐에 따라 위험도 달라지고 기대수익률도 달라진다. 그러니 배당주에 투자하면서 20~30%의 수익률을 기대하거나 위험한 종목에 투자하면서 은행보다 좀더 나은 수익률을 기대하는 것은 맞지 않다. 주식에 투자할 때는 내가 어디에 서 있기를 원하고 내가 선택한 종목이 거기에 맞는 종목인지를 살펴봐야 한다.

어떤 주식을 살지 고민중인 나. 그런데 무엇이 좋은 주식인지 헷갈린다. 1등 기업이라던 삼성전자는 왜 주가가 10만원도 안 하는지, '펀더멘털'이 좋다는데 도대체 무슨 소린지. 친구한테 물어보니 외국인이 사는 종목을 사면 주가가 오른다고 하는데 왜 그런 건지. 내가 찜해놨던 종목은 요즘 따라 무상증자가 많은데 사도 되는 건지 등등 알고 싶은 게 너무 많다. 3장에선 좋은 종목을 고르는 기준들을 차근차근 소개한다.

# 돈 되는 좋은 종목을 고르고 싶어요

# 삼성전자가 1등 기업이라면서 주가는 왜 10만원밖에 안 하나요?

2020년 신종 코로나 바이러스로 주가가 급락하자 이번이 주식으로 돈 벌 기회라고 느낀 개인투자자들이 주식투자에 뛰어들면서 '동학개미운동'이 일어났다. 이들이 선택한 종목은 '삼성전자'로, '동학삼전(삼성전자)운동'이란 말이 생겨났을 정도였다. 2025년도 마찬가지였다. 코스피 지수만 60% 넘게 급등하며 개인투자자들을 주식시장으로 끌어들였다.

누군가는 '삼성전자가 우리나라 1등 기업이라면서 왜 주가가 10만원도 안 하지?'란 의문을 품을 것이다. 주당 가격은 효성중공업이 210만원 수준으로 가장 비싸다. 주가는 기업 가치를 나타낸다는데, 주당 가격이 가장 높은 효성중공업이 가장 좋은 회사일까?

## 액면가와 주가, 어떻게 다른가?

주식 가격은 어떻게 결정될까? 회사가 처음 설립되어 주주들한테 주식을 나눠주고 투자금을 받아 자본금을 마련한다고 생각해보자. 자본금 10억원이 필요하다면 주당 가격을 얼마로 해서 주주들에게 주식을 나눠줘야 할까를 고민하게 된다. 5천원짜리 주식이라면 주식 20만장을 찍어야 할 것이고, 1만원이라면 10만장만 찍으면 될 것이다. 이를 '액면가격' '액면가액'이라고 한다. 회사가 처음 설립된 날의 주식 가격이 액면가다.

액면가는 주당 100원, 200원, 500원, 1천원, 2,500원, 5천원 등 6종으로 나뉘는데, 액면가는 회사가 정하기 나름이다. 그렇기 때문에 액면가와 기업 가치는 아무런 관계가 없다. 액면가에 따라 달라지는 것은 주식 수다. 즉 발행주식총수를 얼마로 할 것인가의 문제다. 액면가와 발행주식총수를 곱하면 자본금이 되는데, 자본금은 그대로 둔 상태에서 액면가를 낮추면 발행주식총수가 늘어나고 액면가가 높아지면 발행주식총수가 줄어들게 되는 원리인 것이다.

그런데 회사가 계속 성장하면서 기업 가치는 커지게 된다. 비상장회사든 상장회사든 기업 가치가 커감에 따라 시장에서 거래되는 주식 가격은 달라진다. 상장회사라면 HTS상에서 쉽게 볼 수 있는 주당 가격이 시장에서 거래되는 가격이다. 액면가와 주가는 기업 가치가 커질수록 차이가 벌어질 수밖에 없다. 주가는 기업

가치에 따라 계속해서 변동하는데 액면가는 주주총회를 열어 주당 액면가를 변경하지 않는 한 회사 설립 때 정한 가격 그대로를 유지하기 때문이다.

물론 거꾸로 회사가 설립 당시보다 가치가 떨어져 주가가 액면가보다 낮아지는 경우도 생긴다.

### 액면분할하면 주당 가격이 낮아지고, 액면병합하면 높아져

기업이 성장하면 주가도 계속 오르게 된다. 발행주식총수는 회사 설립 이후 변함이 없는데 주가는 너무 높아져 주식을 사거나 파는 데 어려움이 생길 수 있다. 이럴 경우 거래량이 줄어들고 유동성이 떨어진다. 바로 삼성전자가 그랬다.

2011년 말 처음으로 삼성전자 주가가 주당 100만원을 넘어서더니 2017년 11월에는 장중 287만원대까지 상승했다. 삼성전자 한 주 가격이 웬만한 명품백 가격이었던 것이다. 그러자 삼성전자는 2018년 초 액면분할을 결정했다.

액면분할은 자본금 변동 없이 1주를 여러 주로 쪼개는 것을 말한다. 삼성전자는 주당 액면가액을 5천원에서 100원으로 낮춰 1주를 50주로 쪼갰다. 발행주식총수가 1억 2,838만 6,494주에서 64억 1,932만 4,700주로 급증했다. 200만원 중반대였던 주가 역시 5만원으로 낮아졌다. 200만원 중반대 삼성전자 1주를 갖고 있었던 투자자는 5만원짜리 50주를 갖게 되니 투자자가 보유한 삼성전자 가치는 액면분할 전과 별다른 차이가 없게 된다.

삼성전자가 액면분할만 안 했어도 주가가 300만원을 넘었을 것이란 추정이 나온다. 1주당 가격이 매우 비싼 주식을 '황제주'라고 한다. 황제주의 최대 단점은 투자의 진입 장벽이 높다는 것이다. 황제주를 사고팔기가 어려워 유동성이 낮아질 수 있다는 위험이 있다. 이에 따라 기업들은 주식 유동성을 확보하기 위해 주가가 너무 높을 경우 액면분할을 통해 주당 가격을 낮추는 의사결정을 하게 된다.

반대로 액면병합도 있을 수 있다. 주식 여러 개를 합쳐 1주로 만드는 것이다. 주가가 낮아 주식을 사고파는 것이 너무 자유롭다 보니 주가 변동성이 커지거나 주가가 너무 싸보이는 것을 막기 위해 실시하는 것이다. 대창솔루션은 2025년 7월 5주를 1주로 합치는 액면병합을 결정했다. 주당 액면가가 100원에서 500만원으로 조정되었다. 발행주식총수도 1억 8,427만주에서 3,685만주로 줄어들었다. 대창솔루션 주가는 450원에서 2천원대로 높아졌다. 액면병합은 동전주에서 탈피하기 위한 경우가 많아 주로 소형주에서 일어난다.

그런데 만약 3주를 갖고 있었던 투자자라면 주식이 0.6주로 줄어들게 된다. 주식을 거래할 수 있는 최소 단위는 1주인데 이보다 적어지게 되는 것이다. 이런 '단수주(1주 미만의 주식)'가 될 경우엔 액면병합 후 주식을 재상장하는 첫 날 종가를 기준으로 보유하게 된 주식 수만큼 현금으로 돌려받게 된다.

종합하면 액면분할, 액면병합은 자본금은 변함이 없는 상태에서 발행주식총수를 늘리느냐, 줄이냐의 문제일 뿐이다. 이에 따라 주당 가격도 낮아지거나 높아지지만, 이는 기업가치엔 아무런 영향을 미치지 않는다.

### 액면분할은 주가 상승과 관련 적어

그렇다고 해도 과거엔 액면분할을 하면 투자자가 낮은 가격에 주식을 살 수 있어 해당 주식에 대한 수요가 늘어나고 거래가 활발해져 주가가 오를 것이란 기대가 있었다. 물론 시간이 지나면서 '액면분할은 아무런 영향이 없구나'라는 것을 깨닫게 되었지만 말이다.

그러나 이런 기대감조차 사라지게 된 계기 역시 삼성전자의 액면분할이었다. 삼성전자 액면분할과 반도체 업황 악화가 겹치면서 2018년 5월 액면분할 후 5만원 안팎에서 거래되던 주가가 계속해서 떨어져 그해 12월 말 3만원 후반선까지 하락했다. 그 대신 삼성전자는 액면분할 후 주주가 10배 가까이 급증했다. 주당 가격이 떨어지고 발행주식총수가 급증하고 동학삼전운동 바람이 불면서 삼성전자 주주는 액면분할 전인 2017년 말 14만 4,374명에서 2020년 3월 말 136만 5,073명으로 늘어났다. 삼성전자는 액면분할로 누구나 쉽게 접근할 수 있는 주식이 된 것이다.

다만 이것이 주가 상승을 보장하진 않는다. 삼성전자 주가는

반도체 업황에 의해서 좌우된다. 삼성전자는 메모리반도체 업황
이 악화되었을 때는 한동안 주가가 5만원대를 벗어나지 못했으나
2025년에 메모리반도체 업황이 호황을 맞자 삼성전자 주가는 사
상 처음으로 10만원을 넘어섰다.

# 60만원짜리 SK하이닉스가 10만원짜리 삼성전자보다 저렴한 이유

종목의 가치를 가늠해 볼 수 있는 몇 가지 지표들이 있어.
ROE, EPS, PER, PBR가 대표적이지. 그런데 이 지표들은 어떻게 계산하고,
또 각각의 숫자가 얼마나 커야 좋은 걸까?

우리나라 증시는 삼성전자와 SK하이닉스를 빼놓고선 설명이 불가할 정도로 두 종목이 미치는 영향력이 크다. 두 종목은 같은 반도체 업종이면서 전 세계 1, 2위 메모리반도체 기업으로 경쟁 관계에 있다. 반도체 업황에 따라 주가가 좌지우지되기 때문에 앞서거니 뒤서거니하면서 주가가 오르고 내린다.

2025년에는 SK하이닉스가 고대역폭메모리(HBM)을 내세우며 주가가 무려 250%나 급등했다. 반면 삼성전자 주가는 80% 올랐다. SK하이닉스가 삼성전자보다 3배가량 더 크게 올랐음에도 증권가에서는 SK하이닉스가 삼성전자보다 더 저렴하다고 한다. 2025년 11월 기준으로, 삼성전자의 주가수익비율(PER)은 약 22

배이지만 SK하이닉스는 약 15배다. 그렇다면 주가가 저렴한지 비싼지는 어떻게 나타나는 것일까?

**[A회사]** 주가: 20만원 / 주식 수: 10만주 / 시가총액: 200억원 /
자본: 100억원 / 당기순이익: 10억원

### 돈 잘 버는 종목? ROE와 EPS가 알려준다

좋은 종목의 첫 번째 조건은 돈을 잘 벌 수 있어야 한다는 것이다. 이를 판단하는 지표가 ROE(자기자본이익률)다. ROE는 기업이 자기 돈을 투입해 얼마나 이익을 내는지를 보여준다. A회사는 100억원의 자본으로 10억원의 수익을 냈으니 ROE가 10%다. 2025년 연간 예상 실적 기준 SK하이닉스의 ROE는 41%이고, 삼성전자는 9% 수준이다. SK하이닉스가 100억원을 투자해 41억원을 벌 때, 삼성전자는 9억원을 벌 것이라는 추정이다.

돈을 잘 버는지 알 수 있는 또 다른 지표는 EPS(주당순이익)다. 이는 1주당 한 해에 얼마만큼 벌었는가를 보여주는 지표다. 올해 10억원을 번 A회사의 주식이 시장에 10만주 풀려 있으니(자사주·우선주 포함), EPS는 1만원이다. SK하이닉스의 EPS는 5만 2,500원 수준인 반면 삼성전자는 5,500원으로 전망된다. SK하이닉스가 1주당 훨씬 많은 돈을 벌어들였다는 얘기다. ROE와 EPS는 높을수록 좋다.

## 그래서 이 주식은 객관적으로 싼가? PER과 PBR

두 번째 조건은 저렴해야 한다는 것이다. 돈도 잘 버는데 싼 종목이면 더할 나위 없지 않겠는가? 이때 싼지 비싼지 알아볼 수 있는 지표가 PER(주가수익비율)과 PBR(주가순자산비율)이다.

먼저 PER은 한 주당 창출하는 수익(EPS) 대비 주가가 몇 배나 부풀려져 있는지를 보여준다. EPS가 1만원인 A회사의 주가가 현재 20만원에 거래되고 있다면 PER은 20배다. PER이 높으면 높을수록 지금 버는 돈에 비해 비싼 주가에 거래되고 있단 얘기가 된다. 다만 PER이 높다고 해서 무조건 나쁜 건 아니다. 지금은 몰라도 몇 년 후엔 잘 벌 수 있을 것이라 예상되면 주가가 오르고 덩달아 PER이 높아지는 까닭이다.

가격에 대한 또 다른 기준은 PBR이다. PBR은 기업 자체의 가치(순자산가치)가 시장에서 얼마 수준으로 평가받고 있는지를 보여준다. 이때 시장의 평가는 시가총액이며, 이를 순자산으로 나눈다. 현재 A회사의 자본이 100억원이고, 시가총액이 200억원이니 PBR은 2배(200억원/100억원)가 된다. PBR이 높을수록 회사가 갖고 있는 가치에 비해 고평가받고 있다고 볼 수 있고, 1배보다 낮으면 극심한 저평가라 볼 수 있다. PBR이 1배 미만이라는 것은 지금 당장 회사의 문을 닫고 가진 자산을 몽땅 팔아치워도 시가총액 보다는 돈이 더 많단 얘기이니 말이다.

## 비슷한 종목끼리 비교하면 내 종목의 가치를 알 수 있다

ROE와 EPS, PER과 PBR은 같은 업종 내에서 수준을 비교하는 게 적절하다. 예컨대 바이오주의 경우는 미래에 신약이 대박날 수도 있다는 것을 미리 반영해서 주가가 높게 평가되는 경우가 많다. 시가총액 상위 바이오 업종의 평균 PER은 170배 수준이다. 반면 음식료 업종의 경우는 당장 얼마나 팔리느냐가 중요하므로 고평가되는 일이 없어 PER이 평균 10배 전후에서 머문다.

■ 자본·주가·이익의 관계도

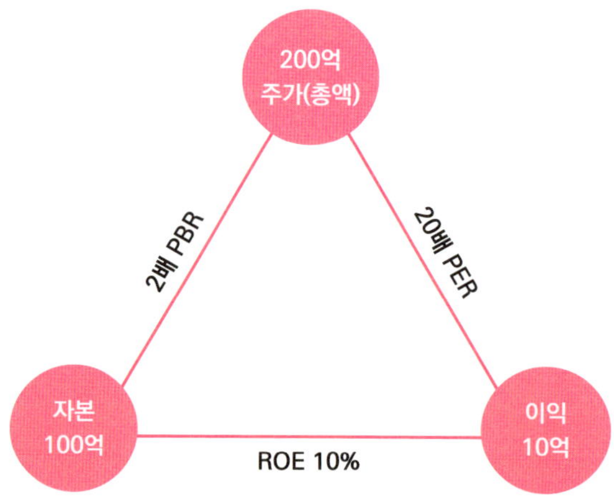

따라서 어느 종목의 PER이 90배인데, 어느 종목은 10배 언 저리라고 해서 무조건 비싸다거나 싸다고 재단할 수 없다. 이렇게 업종별로 비교해봤을 때도 주가가 비싸다고 판단되면 주식시장에 선 '밸류에이션이 높다'고 표현한다.

주식의 가치를 보여주는 여러 가지 지표가 똑같이 한 방향만 가리키진 않는다. PER로만 보면 SK하이닉스가 15배, 삼성전자 가 22배로 SK하이닉스가 삼성전자 대비 저평가되어 거래되고 있 는 것처럼 보인다. 하지만 PBR로 따져보면 다르다. SK하이닉스 PBR은 3.70배, 삼성전자 1.58배다. 회사가 갖고 있는 자산을 기 준으로 봤을 때는 SK하이닉스가 삼성전자 대비 더 고평가되고 있 다는 의미다. 주가가 나아가야 할 방향은 그동안 많이 올랐는지 떨어졌는지, 혹은 PER이나 PBR이 높은지 낮은지보다는 시장을 둘러싼 환경, 해당 업종이 속한 업황 등을 종합적으로 고려해 따 져봐야 한다.

# 호재에도
# 여러 종류가 있다

'오늘따라 유난히 힘이 나네.' 한 번쯤은 이런 기분을 느껴봤을 때가 있을 것이다. 일할 때도 평소보다 아이디어가 더 잘 나오고, 운동을 해도 몸이 더 가벼운 느낌. 그건 기초체력이 좋아져서일 수도 있지만, 좋은 일이 생겨서 기분이 좋기 때문일 수도 있다.

주가가 힘을 받는 이유 역시 마찬가지다. 전문가들이 영어로 어렵게 칭할 뿐이다. 그렇다면 주식시장에서의 체력과 기분은 어떤 식으로 표현될까? 체력은 그 기업이 갖고 있는 실력, 펀더멘털이라고 표현한다. 펀더멘털이 좋든 나쁘든 투자 심리가 개선되어 주가가 오르는 것은 센티멘털이라고 한다. 펀더멘털도 좋아지고 센티멘털까지 개선된다면 금상첨화다.

### 기초체력이 좋아졌다, '펀더멘털'

주식시장에서 체력은 곧 '실적'이다. 기업이 돈을 잘 벌어야 기업가치가 올라가고, 이는 곧 시장에서 높은 평가를 받는 것, 즉 주가 상승으로 이어지기 때문이다. 돈을 잘 벌면 주주들에게 돌려줄 돈(배당금)도 늘어나기에 긍정적이다.

기업뿐 아니라 그 기업이 속한 나라 전체가 돈을 잘 버는 것도 주식시장의 체력에 영향을 미친다. 한국의 경제 자체가 튼튼하면 이 체제에 속한 한국 기업들의 미래도 긍정적일 것이란 판단이 가능하기 때문이다. 외국인들의 경우, 어떤 국가에 투자할 것인지를 결정할 때 그 국가 경제의 기초체력이 얼마나 좋은가를 따져보곤 한다.

이렇듯 개별 기업의 실적, 또는 특정 국가의 경제가 좋아졌다는 것을 주식시장에선 보통 '펀더멘털(Fundamental)'이 좋아졌다고 설명한다. 단어 그대로 기초체력이 좋아졌단 얘기다. 기초체력이 좋아질 경우 주가는 한동안 힘을 받고 올라갈 수 있다. 실적이야말로 주가의 추진력인 셈이다.

### 기분이 좋아졌다, '센티멘털'

내 체력은 그대로인데 오늘따라 기분이 좋아서 힘이 나는 날도 있다. 기업으로 따지면 종목 자체의 실적은 그대로인데 업종 내 호재가 생겼을 때를 말한다. 식구가 잘되면 덩달아 주가가 힘을

받게 되는 상황인 셈이다. 이러한 현상을 '센티멘털(Sentimental)'
이라고 한다.

예컨대 미국 반도체 기업의 실적이 잘 나왔을 경우 한국 반도
체 기업의 실적도 잘 나올 것이란 추론이 가능하다. 그래서 전날
밤 미국 반도체 종목의 주가가 올랐을 경우, 다음날 오전 한국 반
도체 종목의 주가도 동반 상승하는 경우가 많다. 이런 경우엔 '업
종 내 센티멘털이 개선되었다'고 표현한다.

한편 주가를 짓눌렀던 악재가 해소되었을 경우에도 주가가 오
를 것이란 기대감에 기분이 좋아질 수 있다. 2020년 1월, 미국과
중국의 무역분쟁이 1단계 합의를 본 후 주가가 반등했을 때가 대
표적 예다. 이는 시장 전체의 분위기가 좋아진 것이기에 '코스피
시장의 센티멘털이 개선되었다'고 바꿔 말할 수 있다. 다만 센티
멘털은 어디까지나 '기분'의 문제이므로 기초체력이 수반되지 않
는 한 다시 주가가 반락할 가능성도 적지 않다는 점을 염두에 둬
야 한다.

### 깜짝 놀랄 만한 이벤트가 있다면, '모멘텀'

아직 실현되진 않았어도 머지않아 현실화될 것 같은 긍정적
인 이벤트가 있을 수 있다. 바이오 종목에서 진행중인 임상이 긍
정적인 결과를 낼 것 같다거나 게임 종목에서 출시를 앞두고 있는
신작이 있을 때가 그 예다. 혹은 콘텐츠 업종의 경우엔 신작 드라

마나 영화가 곧 나온다든지, 제조업의 경우 공장을 새로 세울 계획이 있다든지 하는 등의 호재가 이에 속한다. 정부가 어떤 정책을 내서 특정 종목이 수혜를 볼 것 같다는 식의 호재도 여기에 해당한다. 이렇듯 종목에 벌어질 향후 이벤트를 보고 투자하는 것을 '모멘텀(Momentum) 투자'라고 말한다.

모멘텀은 종목 단위에서뿐만 아니라 보다 넓은 시장 단위에서도 발생할 수 있다. 지수 종목 변경이 대표적 예다. 코스피200지수 등 여러 지수들은 1년에 두 번 정도 지수 내 종목을 교체한다. 시가총액이 낮아지거나 횡령 등 문제가 생긴 종목은 지수에서 빼고, 실적이 더 잘 나오거나 시가총액이 증가한 종목을 대신 지수에 넣는 것이다.

지수에 새로 들어가게 된 종목의 경우, 그 지수 내 종목을 똑같이 따라 사는 상장지수펀드(ETF)에서 새롭게 매수세가 들어오기 때문에 매수세가 증가한다. 그래서 지수 변경을 앞두고 지수에 새로 편입될 종목을 사고 반대로 제외될 종목은 파는데, 이러한 투자도 모멘텀 투자의 일환이다.

다만 모멘텀 투자의 경우 이벤트가 종료되면 주가가 하락할 가능성이 크다는 점을 감안해야 한다. 이벤트가 일어날 것을 미리 예측해 주가를 끌어올리는 것이고, 이벤트가 끝나면 재료가 소멸되는 것과 마찬가지이기 때문이다. 신작 드라마가 방영되기 전까지 주가가 오르다가, 드라마 첫 방송날 시청률이 생각보다 잘 안 나오면 주가가 폭락하는 것도 이와 비슷한 맥락으로 볼 수 있다.

# 외국인이 사면
# 호재인가요?

'이번에도 외국인이 이겼다. 외국인 매수 종목 80% 상승'

주식시장 관련 기사를 보다 보면 자주 접하게 되는 유형의 기사 중 하나다. 외국인이 투자에 성공하는 경우가 많다 보니 여러 투자자들이 외국인이 사는 종목을 따라 사기도 한다. 대체 외국인들은 어떻게 투자하길래 승률이 이렇게 높은 걸까?

### 한 번 들어오면 꾸준히 사는 외국인

주식시장에서 '외국인'이란 외국계 투자은행이나 펀드, 연기금, 헤지펀드 등을 통칭한다. 모두 같은 성격을 갖고 있다고는 볼 수 없지만 비슷한 추세를 보이기 때문에 투자자들이 많이 참고하는 지표 중 하나가 외국인들의 매매 패턴이다.

외국인들의 대표적인 특징은 한 번 사기 시작하면 꾸준히 산다는 점이다. 예컨대 국내 주식시장에서 높은 비중을 차지하는 투자 주체는 영미계 '뮤추얼 펀드'인데, 이들은 대표적인 장기투자자로 꼽힌다. 참고로 일반 펀드가 이미 설립된 자산운용사가 만들어서 운용하는 것이라면, 뮤추얼 펀드는 고객으로부터 모은 돈으로 펀드 회사를 차리는 것을 말한다. 단, 장부상으로만 존재하는 회사라는 점은 일반 펀드와 크게 다르지 않다.

뮤추얼 펀드는 은퇴 자금을 마련하기 위한 고령투자자의 비중이 절대적이다. 한국인의 자산 대부분이 부동산에 묶여 있는 것과는 달리, 외국인의 경우 금융자산을 통해 은퇴자금을 만든다. 이들은 돈을 하루에도 몇 번씩 넣었다 뺐다 하는 공격적 투자가 아니라, 우량주를 쌀 때 사 놓고 느긋하게 기다리며 안정적이고 꾸준한 투자방식을 추구한다.

두 번째 특징은 덩치가 크다는 점이다. 외국인의 한국 주식 보유액은 전체 시가총액의 30%를 넘어선다. 그리고 이들은 개인투자자처럼 한 번에 몇 백만원씩 사고파는 게 아니라 억 단위로 움직인다. 주식시장의 수급 주체는 외국인·기관·개인으로 총 셋인데, 이 중 덩치가 큰 외국인이 한 번 들어오기 시작하면 주가를 올리면서 살 수밖에 없는 것이다. 안 그래도 덩치 큰 놈이 들어오는데 심지어 주식을 꾸준히 사들인다면 주가가 오를 수밖에 없단 얘기다. 특히 외국인들은 코스피200지수 내 종목들을 통째로 사들이는 경우가 많기 때문에 대형주 중심의 강세장이 나타날 가능성이 높다.

다만 이런 특징 때문에 외국인 투자자들은 한 번 팔 때도 꾸준히 판다. 주식을 한번에 내던지면 주가가 내려갈 수밖에 없으므로 손해를 보고 팔아야 하기 때문이다. 그래서 팔아야겠다고 생각하면 주식을 조금씩 오래 판다. 이렇듯 외국인 투자자는 일종의 '추세'를 갖고 움직인다.

### 외국인은 우리가 모르는 정보를 갖고 있다?

많은 개인투자자들이 궁금해하는 것 중에 하나가 외국인들은 남들이 보지 못하는 대단한 정보를 갖고 있느냐는 것이다. 물론 그럴 가능성이 전혀 없다고 얘기할 순 없겠지만, 대부분의 경우는 그렇지 않을 것이란 게 시장 관계자들의 시각이다.

물론 외국인들은 정보를 빠르게 얻을 순 있다. 그러나 이 정보라는 건 사내 정보라기보단 유료 정보를 뜻한다. 예컨대 블룸버그사가 제공하는 정보 단말기는 각국의 각종 경제지표 등을 시시각각 업데이트해 주는데 1년 이용 가격만 수천만원에 달한다.

또 애널리스트 리포트를 보려면 비싼 가격에 구독해야 하는데, 이 모든 정보를 회사 돈으로 폭넓게 접할 수 있는 우위를 가지고 있을 뿐이다.

# 기관투자자도
# 다 같은 기관이 아닙니다

외국인 투자자의 높은 승률과 함께 자주 전해지는 게 기관투자자의 승률이다. 기관투자자도 꽤 높은 확률로 수익률을 올리기 때문이다.

그런데 HTS 등을 보면 기관투자자 안에 연기금, 금융투자, 보험, 투신, 은행, 기타법인, 기타금융, 사모펀드 등 다양한 주체가 있는 걸 알 수 있다. 이들을 모두 참고하면 개인투자자인 나도 기관투자자처럼 주식 고수가 될 수 있는 걸까?

무 자르듯이 어떤 기관투자자를 따라서 투자하면 성공 가능성이 높다고 말할 수는 없다. 그러나 분명한 것은 기관마다 각기 다른 특징이 있다는 것이다. 일부는 장기투자자이지만 또 다른 일부는 단기투자자다. 그러니 어떤 기관이 사고파느냐에 따라 해당 기관이 특정 종목을 단기간 갖고 있을지, 장기간 갖고 있을지를 예측해볼 수 있다. 물론 다 맞는 것은 아니다.

### 추세를 보려면 연기금을 봐라

연기금은 연금·기금을 뜻한다. 국민연금, 공무원연금기금, 우체국보험기금, 사학연금기금 등이 이에 속한다. 이들은 국민의 노후소득을 보장하거나 특정 공공사업 자금을 마련하기 위해 조성된 자금인 만큼 보수적이고 안정적인 투자를 한다. 단기투자가 아닌 장기투자를 추구하며, 우량주를 주로 사들인다.

시장 관계자들은 이 중에서도 특히 국민연금의 행보에 관심을 가진다. 우리나라 국민연금의 자산규모는 전 세계 연금기금 중에서 일본의 공적연금펀드(GPIF), 노르웨이의 국부펀드(GPF)에 이어 세 번째로 크다. 이렇게 덩치 큰 국민연금이 종목을 사들이기 시작하면 수급상 호재로 받아들일 가능성이 높아진다. 그래서 때가 되면 올라오는 국민연금의 지분 관련 공시를 사람들은 주의 깊게 살펴보는 것이다.

또 주식시장이 패닉일 때 연기금은 소방수를 자처하기도 한다. 외국인과 개인이 모두 주식을 팔고 떠날 때 대형주 중심으로 사들이면서 지수가 지나치게 하락하지 않게 관리해주기 때문이다.

## 투신·보험사·은행도 장기투자 자금으로 봐야

투신(투자신탁)이나 은행·보험 역시 비교적 장기투자 성향이
짙다. 자산운용사처럼 투신은 고객의 돈을 위탁받아 기관이 운용하
는 경우다. 가입한 펀드를 굴릴 때 나오는 주체가 바로 이 투신이다.

은행과 보험사는 우리가 흔히 알고 있는 시중은행과 보험사를
뜻한다. 은행에서도 개인투자자의 신탁을 대신 관리하기도 하고,
마찬가지로 보험회사 역시 열심히 돈을 굴린다. 고객이 낸 보험료
의 일부는 회사에 쌓아두고, 나머지 돈으론 부동산투자나 주식투
자를 해서 수익을 내는 것이다. 특히 보험사의 경우는 과거 고금
리를 보장해주는 보험을 판매한 것이 많을수록 주식투자 등을 통
해 높은 수익을 내야 역마진 우려를 덜 수 있다.

이들은 업종 특성상 보수적인 투자를 선호하는 경향이 짙고,
비교적 장기투자를 지향하기도 한다. 다만 투신이나 은행의 경우
고객이 펀드나 신탁을 해지하면 팔아야 하는 수요가 생기므로 주
의가 필요하다. 이들은 증시에서 차지하는 비중이 매우 작기 때문
에 이들의 거래패턴을 유심히 지켜보는 투자자는 그리 많지 않다.

## 쉼 없이 샀다 파는 금융투자·사모펀드

금융투자는 주로 증권사로 다른 투자자들의 거래를 중개하거
나 자신의 돈(자기자본)을 이용해 투자하는 사람들을 말한다.

금융투자는 대개 투자 시야가 짧다는 특징이 있다. 돈을 맡긴 사람들이 시시각각 수익률을 평가하기 때문에 긴 호흡으로 투자하는 게 어려운 탓이다. 긴 호흡으로 투자하려면 단기적으론 손실도 감내해야 하는데 금융투자는 그러기가 어렵다.

또한 금융투자의 경우 단기적으로 수익을 내기 위해 현물과 선물의 가격 차이를 이용한 무위험 차익거래를 하기도 한다. 이런 차익거래는 어떠한 추세를 갖고 있다고 보기 어려울 때가 많으며, 일별로 매매 동향이 급변할 때도 많다. 따라서 이들의 수급은 단기적인 시각에서 바라봐야 한다.

비슷한 성격을 갖는 것은 사모펀드다. 사모펀드는 비공개로 제한된 투자자를 대상으로 모집된 펀드를 굴리는 주체를 일컫는다. 비공개다 보니 더욱 공격적으로 투자하는 성격을 지니고, '롱숏(A종목을 사는 한편 B종목을 공매도하는 식)' 등 다양한 전략을 구사하기 때문에 수급에 일관성이 있다고 보기 어렵다.

이 밖에 기타법인은 주식을 운용하는 일반 회사를, 기타금융은 주식을 굴리는 저축은행 등을 말한다.

# 프로그램 매매라고
# 많이들 얘기하는데 그게 뭐죠?

주식시장에선 외국인, 기관, 개인투자자처럼 기계도 주식을 사고판다. 이를 '프로그램 매매'라고 한다. 프로그램 매매는 투자자가 시장 상황에 따라 어떤 종목을 얼마나 매매할 것인지를 사전에 프로그램화하고, 해당 조건이 맞을 경우 컴퓨터가 자동 매매하도록 한 거래 기법이다.

국내외 기관투자가들이 한꺼번에 여러 주식을 매매할 때 사용하는 방식이기 때문에 사실상 외국인, 기관의 또 다른 이름이라고 봐도 무방하다. 프로그램 매매가 시장에 미치는 영향이 적지 않기 때문에 현명한 투자자라면 프로그램 매매 방향을 예측해 투자할 필요가 있다.

## 프로그램 매매는 왜 하는 것일까?

기관투자가들은 한꺼번에 수십 개 종목을 사고팔아야 할 일이 많다. 이미 갖고 있는 종목도 많거니와 원하는 가격에 한꺼번에 사고 싶은 종목도 많을 것이다. 프로그램 매매를 이용하면 사람이 일일이 매매 버튼을 클릭하지 않고 동시에 주식을 사거나 팔 수 있어 편리하다.

코스피 시장에선 15개 종목 이상, 코스닥 시장에선 10개 종목 이상을 한꺼번에 동시에 사고파는 프로그램 매매가 있는데, 이를 '비차익 거래'라고 한다. 원하는 수십 개의 종목을 '주식 꾸러미', 즉 바스켓(Basket)에 담아 거기에 들어 있는 종목을 매매한다.

그런데 왜 '비차익 거래'라고 할까? 그것은 차익 거래가 아니기 때문이다. 사실 프로그램 매매의 꽃은 차익 거래다. 차익 거래역시 비차익 거래처럼 수십 개의 종목을 바스켓으로 만들어 매매한다. 그러나 목적은 다르다. 비차익 거래는 해당 주식들이 좋거나나빠보여서 사거나 파는 것인데, 차익 거래는 해당 주식들을 샀으면 반드시 이와 연계된 선물을 파는 거래를 동반한다.

## 프로그램 매매의 꽃인 '차익 거래'

프로그램 매매에서 차익 거래는 현물과 선물을 동시에 매매하는 것을 말한다. 코스피200지수, 코스닥150지수가 현물이라면 코스피200선물, 코스닥150선물은 선물이다. 차익 거래는 같은 물건을 싼값에 사서 비싸게 팔고 그 차이를 이익으로 남기는 것을 말한다. 같은 물건이라도 장소, 시간에 따라 가격이 달라진다. 선물 가격은 현물의 미래 가격이므로 시간차에 따라 발생하는 차익을 얻는 거래다.

현물과 선물을 비교해 더 싼 것을 사고 비싼 것을 파는 거래를 하게 된다. 현물과 선물의 가격차를 베이시스(Basis)라고 하는데 베이시스가 플러스(+)이면 선물이 현물보다 비싼 콘탱고 상태인 것이고, 마이너스(-)라면 선물이 현물보다 싼 백워데이션 상태를 의미한다. 현물이 더 싸면 현물을 사고 선물을 파는 '매수 차익 거래'가 일어나고, 현물이 더 비싸면 현물을 팔고 선물을 사는 '매도 차익 거래'가 나타난다.

코스피200이니까 200개 종목을 한꺼번에 사들여야 할까? 그렇지 않다. 시가총액 상위 종목 중 일부를 골라 바스켓에 담고, 이 종목들을 프로그램 매매를 통해 매수하면 된다. 보통 15~30개 종목을 꾸러미로 만든다. 이미 삼성전자와 SK하이닉스만 사더라도 코스피 시가총액의 34%를 넘어선다.

이후 선물 만기가 돌아오면 반대 거래가 이뤄진다. 매수 차익 거래였다면 현물을 다시 팔고, 선물을 사는 거래가 이뤄지고 매도 차익 거래였다면 현물을 사고 선물을 파는 거래가 이뤄진다. 샀던 것은 팔고, 팔았던 것은 사면서 그 차익만 얻는 것이다. 이를 포지션 청산이라고 한다. 선물을 파는 거래는 '숏 포지션(short position)'이라고 하고, 만기 때는 반대 거래가 일어나면서 숏 포지션이 청산되었다고 말한다. 선물을 사는 거래를 '롱 포지션(long position)'이라고 하고 만기 때는 롱 포지션 청산 거래가 일어났다고 말한다.

## 차익 거래로 어떻게 돈을 벌까?

한 달, 두 달 뒤에 가격이 오를지 떨어질지는 모르지만 하나는 사는 거래를 했고, 또 다른 하나는 파는 거래를 했다. 선물 또는 현물 둘 중의 하나는 반드시 손실이 나고, 또 다른 하나는 반드시 이익이 난다.

도대체 이런 거래는 왜 할까? 기관투자가들은 대규모 자금을 운용하고 손실을 최대한 피하려고 한다. 이를 '헷지(Hedge)'라고 한다. 다른 자산에 투자함으로써 손해 볼 위험을 방어하는 투자법이다.

그렇다면 차익 거래를 통해 돈을 벌 수 있을까? 오늘이 8월 말이고 코스피200 현물 시세가 200포인트인데 9월 둘째 주 목요일이 만기인 9월물 코스피200 선물 시세가 205포인트라고 하자. 가격이 비싼 선물 2계약을 매도하기로 했다고 가정할 때 선물 매도 금액은 선물 가격(205포인트), 선물 1계약당 매매단가인 25만원과 2계약을 곱해 계산한다. 1억 250만원이다. 동시에 현물을 매수한다. 200포인트, 2계약, 25만원을 곱한 1억원어치의 현물을 바스켓으로 사들이는 것이다. 9월 만기일에 코스피200 종가는 195포인트가 되었다. 그렇게 되면 현물 투자에서는 250만원을 잃게 되었으나 선물 투자에선 500만원의 이득을 봐 전체적으로 250만원의 차익을 얻게 된다.

매도 차익 거래로도 돈을 벌 수 있다. 코스피200 현물 시세는 200포인트인데 9월에 만기되는 선물은 195포인트라고 가정하자. 이번엔 선물 2계약을 9,750만원 매수하고, 현물을 1억원가량 팔았다. 9월 만기일엔 코스피200 종가가 202포인트가 되었다. 그렇게 되면 현물에선 100만원이 손해이지만 선물에선 350만원이 이득이다.

### 프로그램 매매에서 투자자가 봐야 할 것은?

프로그램 매매는 코스피200, 코스닥150 내 대형주를 상대로 매매가 이뤄지기 때문에 주가에 미치는 영향이 크다. 만약 베이시스가 마이너스 상태라면 이론적으로 현물을 매도하는 '매도 차익 거래'가 일어나고, 반대의 상황이라면 현물 매수 거래가 일어난다는 점을 염두에 둘 필요가 있다. 전자의 경우엔 대형주가 하락할 가능성이 높고, 후자의 경우엔 상승할 가능성이 높다.

이런 거래는 만기가 되면 반대 거래가 이뤄진다. 매수차익 잔고가 많다면 만기일이 가까워졌을 때 대형주를 중심으로 매도세가 일어날 수 있고, 반대로 매도차익 잔고가 많다면 매수세가 일어날 수 있다. 그렇다면 매수차익 잔고가 많은지, 매도차익 잔고가 많은지는 어떻게 파악할 수 있을까. 2015년 통계의 부정확성 때문에 프로그램 매매 차익 잔고 공시제도가 폐지되었다. 현재로선 시장의 방향성을 쉽게 예측하기 어렵다는 게 통설이다. 증권가에선 투자자별로 누적된 선물 계약이나 평소의 매매패턴을 분석해 예측하는데, 정확히 맞추기는 어렵다.

■ **매수 차익 거래 vs. 매도 차익 거래**

| **＊매수 차익 거래**(현물을 사고 선물을 파는 거래) |
| --- |
| (8월 말)　　　코스피 200현물 200포인트<br>　　　　　　코스피 200선물(9월물) 205포인트<br>(9월 만기일)　코스피 200현물 종가 195포인트 |
| 1. 현물 매수액 2억원<br>200포인트 X 25만원(선물 1계약당 매매단가) X 2계약 = 1억원 |
| 2. 선물 매도액<br>205포인트 X 25만원 X 2계약 = 1억 250만원 |
| **9월 만기 도래 시 반대거래** |
| 1. 현물 매수 투자 입장에선 코스피 200이 5포인트가량 하락해 손실<br>(195–200포인트) X 25만원 X 2계약 = 250만원 손실 |
| 2. 선물 매도 투자 입장에선 10포인트 더 비싸게 팔아서 이익<br>(205–195포인트) X 25만원 X 2계약 = 500만원 이익 |
| ⇨ 1번과 2번을 합치면 총 250만원 이익 |

<table>
<tr><td colspan="2">

**＊매도 차익 거래**(현물을 팔고 선물을 사는 거래)

</td></tr>
<tr><td colspan="2">

(8월 말)　　　코스피 200현물 200포인트
　　　　　　　코스피 200선물(9월물) 195포인트
(9월 만기일)　코스피 200 종가 202포인트

</td></tr>
<tr><td colspan="2">

1. 현물 매도액
200포인트 X 25만원 X 2 = 1억원

</td></tr>
<tr><td colspan="2">

2. 선물 매수액
195포인트 X 25만원 X 2 = 9,750만원

</td></tr>
<tr><td colspan="2">

**9월 만기 도래 시 반대거래**

</td></tr>
<tr><td colspan="2">

1. 현물 매도 투자 입장에선 코스피200현물이 오르면서 손실
(200–202포인트) X 25만원 X 2 = 100만원 손실

</td></tr>
<tr><td colspan="2">

2. 선물 매수 투자 입장에선 2포인트 더 싸게 매수해서 이익
(202–195포인트) X 25만원 X 2 = 350만원 이익

</td></tr>
<tr><td colspan="2">

⇨ 1번과 2번을 합치면 총 250만원 이익

</td></tr>
</table>

# 분기마다 이자를 주는 주식이 있다던데 어떤 주식이죠?

건물주가 '갓물주'인 건 부동산 가격이 꾸준히 올라서이기도 하지만, 달마다 꼬박꼬박 월세를 받을 수 있어 현금흐름이 생기기 때문이다.

그런데 사실 이런 현금흐름은 부동산뿐만 아니라 주식에서도 만들 수 있다. 1년에 한 번씩, 많으면 분기별로 한 번씩 이자처럼 '배당금'을 주는 주식이 많기 때문이다. 이런 배당주가 최근 저금리 시대의 투자 대안으로 각광받고 있다.

이러한 배당주는 시장금리가 내려갈수록 투자 대안으로 각광을 받고 있다. 주식에 투자해서 주가가 올라 차익 실현을 통해 돈을 벌 수도 있지만 주식을 보유하고 있다는 것만으로도 주당 배당금을 벌 수도 있다. 주가가 오르는 데다 배당금까지 챙길 수 있다면 가장 좋겠지만, 배당을 많이 주는 종목들은 생각보다 주가가 빠르게 오르지 않을 가능성도 염두에 둬야 한다.

### 한 주만 갖고 있어도 받을 수 있는 배당금

배당금은 기업이 이익을 내서 남는 이익잉여금을 주주에게 분배해주는 것을 말한다. 주주는 기업의 일부를 소유하고 있는 사람이므로 이익이 난 것을 나눠받게 된다. 주식시장에서 배당금은 한 주당 몇 원씩 배분한다. 즉 주식을 단 한 주만 갖고 있어도 배당금을 받을 수 있단 얘기다.

문제는 주주가 매일 바뀐다는 점이다. 어제는 A가 주주였다면 오늘은 A가 주식을 팔고 B가 주식을 사서 B가 주주가 되는 식이다. 회사의 이익이 무한정이 아니기에 배당금을 그 모두에게 줄 수는 없다. 그렇다고 해서 A에게 줘야 할지, B에게 줘야 할지…. 회사는 난감한 상황에 처한다.

그래서 '배당기준일'이라는 걸 만들었다. 그 기준일 당일에만 주식을 갖고 있으면 배당금을 주겠다는 것이다. 연간 배당에서 배당기준일은 매년 주식시장의 마지막 거래일이다. 다만 주식 매매는 주문하고 이틀 뒤에나 체결되므로, 2거래일 전에 주식을 사둬야 마지막 거래일에 주식을 보유한 상태가 되니 주의해야 한다. 따라서 만약 주식시장의 마지막 거래일이 12월 30일(금요일)이라면, 2거래일 전인 12월 28일(수요일) 장 종료 전까지는 주식을 사야 배당을 받을 수 있다.

요즘엔 삼성전자처럼 분기별로 배당을 주는 종목들이 있는데, 이 경우엔 배당기준일이 매 분기 마지막 거래일이 된다. 매 분기 마지막 거래일 이틀 전엔 주식을 사야 배당을 받을 수 있다. 배당기준일에만 주식을 갖고 있으면 당장 다음날 주식을 팔아도 배당엔 문제가 없다.

1년에 한 번 주는 기말배당의 경우 상장사는 이듬해 2월 주당 얼마를 주겠다고 공시를 통해 발표하고, 3월 주주총회에서 승인을 얻어 4월에 지급이 이뤄진다. 분기배당의 경우는 한 분기가 끝난 뒤 보통 한 달 반쯤 지나서 지급된다.

예시  12월  28일(수, 주식 매수 마지막일)
29일(목, 배당락일)
30일(금, 마지막 거래일)

### 배당받고 나면 주가가 떨어지는 이유

28일까지 주식을 사서 배당을 받는 주주명부가 확정되면, 29일부터는 주식을 사 봤자 배당을 받을 수 없다. 아무리 주식을 사도 배당을 받을 수 없게 되는 이 날을 주식시장에선 '배당락일'

이라고 부른다.

그런데 보통 이 날은 주가가 다소 떨어지기 마련이다. 쉽게 말해 배당락일에 주식을 산다는 건 이미 수확이 끝난 논밭을 사는 것과 같다. 이미 한 해 농사를 지었던 수확물을 다 거둬가고 새로운 농사가 시작될 빈 땅만 사게 되는 셈이니 주가가 그만큼 할인될 수밖에 없는 것이다.

다만 배당금 지급이 적어 배당락이 큰 의미를 갖지 못하거나, 배당락을 뛰어 넘을 정도의 호재가 있는 종목의 경우는 주가가 하락하지 않는다. 배당락일 주가가 하락했어도 수 일 내에는 다시 회복되는 게 정설이다.

### 배당투자, 왜 지금인가?

배당주에 투자하는 것이 크게 주목을 받게 된 건 저금리 상황이 오래도록 지속되고 있는 탓이다. 시중 은행에 큰돈을 예치해봤자 1%도 안 되는 이자를 받을 수 있는 것에 반해, 주식시장에선 더 높은 수준의 배당수익률을 기대할 수 있기 때문이다. 심지어 주가가 오르면 그만큼의 차익도 얻을 수 있다.

실제 2020년 상반기 코스피200 상장사들의 배당수익률은 평균 2.4% 정도인데, 시중은행의 예금 금리는 1%도 안 된다. 고배당주나 리츠(Reits)에 투자하면 연 5~6%대 배당수익을 기대할 수 있으니 훨씬 이득인 셈이다. 요즘엔 1년에 두 번, 혹은 분기마다 배당을 주는 상장사도 늘어나면서 배당금으로 여행을 떠나는 투자자도 그만큼 많아졌다.

그러나 모든 상장사들이 배당을 주는 것은 아니다. 배당금을 많이 주던 회사가 실적이 깎이면서 배당을 크게 줄이는 경우도 있으니 주의가 필요하다. 전통적인 고배당주로 불리던 정유주, 그중에서도 에스오일(S-OIL) 같은 경우는 정유업계 실적이 급감하면서 2019년 배당이 주당 5,900원에서 750원까지 깎이는 '배당쇼크'가 발생하기도 했었다. 에스오일은 유가 폭락에 신종 코로나바이러스까지 겹치며 현재까지도 실적을 회복하지 못하고 있고, 2020년 6월엔 2007년 이후 13년 만에 중간배당을 포기하기도 했다. 그러다 국제유가가 급등했던 2022년에는 보통주 기준으로 연간 현금배당이 5,500원까지 증가했으나 2024년에는 125원으로 뚝 떨어졌다.

따라서 배당쇼크를 피하려면 해당 회사의 한 해 실적이 어땠는지를 살펴봐야 한다. 또 매년 꼬박꼬박 안정적으로 배당을 주는 회사인지를 확인하려면 최근 3년 동안 꾸준히 배당을 해왔는지도 확인해야 한다.

# 자사주 매입과 소각을 했더니
# 주가가 올라요

회사가 자신의 주식을 사들이면?
시중에 유통되는 주식 수가 줄어들어 내가 가진 주식의 가치가 올라간다!
자사주 매입이 주주를 기쁘게 하는 이유지.

미국 항공사 보잉은 2010년 이후 10년간 자사주 매입에만 무려 434억달러(약 52조원)를 썼다. 그런 보잉이 신종 코로나 바이러스로 인해 경영상황이 악화되어 미국 정부의 재정지원을 받는 처지에 놓이게 되자 가장 먼저 나온 지적이 바로 자사주 매입이었다. 정부의 재정지원을 받을 거면 앞으로 자사주 매입을 하지 말라는 것이다.

도대체 자사주 매입이 무엇이길래 보잉은 그렇게도 많이 자사주를 매입했던 것일까? 그리고 사람들은 왜 이것을 비판하는 것일까? 기업은 이익잉여금 등 현금 자산으로 자사주를 매입한다. 이러한 현금 자산은 위기 때는 동아줄이 되는데, 보잉은 자사주 매입에 현금을 쓰느라 정작 위기 때는 현금이 없어서 정부의 손을 빌릴 수밖에 없었기 때문이다.

## 주주에게 자사주 매입과 소각은 보약

자사주 매입이란 어떤 기업이 발행한 주식을 다시 그 기업이 되사는 것, 즉 자사의 주식을 되사는 것을 의미한다. 자사주 매입은 배당 확대와 함께 주주들이 가장 좋아하는 정책 중 하나다.

회사가 본인의 주식을 사들이는 것뿐인데 주주가 좋아하는 이유는 뭘까? 그것은 바로 자사주 매입으로 인해 일반주주들의 주식가치가 상승하기 때문이다. 예컨대 A회사의 주식 100주가 시장에 유통되고 있다고 치자. 만약 50주가 매물로 나온 상황에서 A회사가 이를 모두 사들이면 시중에 유통되는 A회사의 주식은 50주로 줄어든다. 유통주식수는 2분의 1로 줄어들면서 내가 갖고 있던 주식의 가치는 2배가 된다. 그래서 자사주를 매입하면 주가가 오르는 것이다.

자사주 매입이 주가를 올리는 또 다른 이유도 있다. 주가가 저평가되어 있다는 것을 시장에 알리기 때문이다. 시장에서 형성된 주가가 회사가 자체 평가한 주가보다 싸다면 현금을 그대로 놀리느니 자사주를 매입하는 게 회사로선 합리적 선택이다. 나중에 주가가 오른 후 되팔면 이익을 얻을 수 있기 때문이다. 실제로 회사들은 주가가 많이 떨어졌을 때 자사주를 매입하곤 한다.

자사주 매입 뒤에 으레 나오는 소식은 자사주 소각이다. 이렇게 매입한 자사주를 서류상에서 없는 주식으로 만들어버리는 것이다. 회사가 기껏 돈을 주고 사들인 자사주를 없애면 회사의 자기자본(순자산)을 줄이는 효과가 있다. 자본을 이용해 산 주식이 사라지니 자본만 사라지는 셈이다. 이렇게 순자산을 줄이면 자기자본이익률(ROE = 순이익/자기자본×100)의 분모가 되는 값이 적어지므로 ROE가 높아지는 효과가 나타난다. ROE상 적은 자기자본으로도 높은 순이익을 내는 기업이 되기에 기업가치를 더 높게 평가받을 수 있게 된다.

또 자사주를 소각해야 나중에 회사가 이 주식을 내다 팔지 않는다는 것을 보증할 수 있기 때문에 불확실성도 줄어든다. 그래서 미국에서는 자사주를 매입하면 꼭 소각하지만, 한국에선 아직 소각이 당연시되는 분위기는 아니다. 다만 회사가 별일 없는 한 자사주를 내다 팔지는 않을 것이기 때문에 자사주 매입만으로도 호재로 받아들여진다.

### 현금 없는 기업이 자사주 매입에 극성이면 독약

그러나 자사주 매입이 보약이려면 해당 기업이 꾸준히 돈을 잘 벌고 현금이 많이 쌓인다는 전제가 필요하다. 만약 기업이 현금은 없는데 자사주만 사들이면 필요한 투자에 돈을 쓰지도 못할 뿐더러 경영이 어려워졌을 때 돈이 부족해진다.

앞서 언급했던 보잉이 대표적 예다. 보잉은 글로벌 금융위기 이후 대략 10년간 잉여 현금흐름의 96%가량을 자사주 매입에 썼다. 벌어들인 돈 대부분을 주식을 사는 데 썼단 얘기다. 그랬기에 보잉이 '737맥스'의 결함, 코로나에 따른 여객 수요 감소 등에 정부의 구제금융까지 요청하는 처지가 되자 많은 이들이 비판한 것이다. 잘나갈 때 현금을 쌓아뒀더라면 이런 위기에 처하지 않았을 것이기 때문이다. 번 돈으로 주주들 배나 불리며 주가나 떠받쳤고, 어려울 때 국민들 세금에 기댔다는 것이다. 그래서 미국 정부는 코로나 이후 구제금융을 받는 기업들을 대상으로 자사주 매입을 상당기간 동안 금지시켰다.

## 자사주가 가져다주는 뜻밖의 효과

보통 자사주는 일반 주주의 주식을 대상으로 매입한다. 대주주 지분은 매입 대상이 아니기 때문에 자사주를 매입한 뒤 소각하면 대주주의 지분율은 높아진다. 여기에 자사주 소각은 주가 상승을 동반하는 경우가 많기에 대주주가 보유한 지분의 가치 또한 올라간다. 그래서 지분율을 높이고자 하는 오너와 대주주들이 자사주 매입과 소각을 적극적으로 이용한다.

삼성전자가 대규모의 자사주 매입과 소각을 발표했을 때 증권가에서 '이재용 삼성전자 부회장의 영향력 강화와 주주환원 정책이라는 두 마리 토끼를 잡은 것'이라고 평가한 건 이 때문이다.

또 자사주는 경영권 방어에도 도움이 된다. 원래 자사주는 해당 회사 주주총회에서 의결권을 갖지 못하지만, 자사주를 다른 사람에게 팔아넘기면 의결권을 되살릴 수 있어서다.

삼성물산과 제일모직의 합병과정이 대표적 사례다. 당시 삼성물산이 지나치게 싼값으로 제일모직과 합병하려 하자 네덜란드 연기금 자산운용사(APG) 등 삼성물산 주주들이 반발했고, 급기야 삼성물산 지분 7.12%를 갖고 있던 헤지펀드인 엘리엇 매니지먼트는 합병 결의 금지 가처분 신청까지 법원에 제출했었다.

이렇듯 합병 성사 여부가 불투명해졌을 때 구세주로 나타난 게 바로 삼성물산의 자사주였다. 삼성물산은 자사주 전량인 5.76%를 KCC에 매각했고, KCC는 주주총회에서 합병 찬성 쪽에 투표하며 삼성물산의 백기사가 되었다. KCC가 합병에 손을 들어줌으로써 삼성물산은 찬성표 69.5%를 얻어 가까스로 합병에 성공한다. 합병 승인 마지노선이 찬성률 66.66%였으니 KCC가 백기사가 되지 않았다면 합병 역시 불발에 그쳤을 것이다.

# 유상증자와 감자는
# 호재인가요, 악재인가요?

기업은 언제 증자와 감자를 할까?
투자자들은 회사가 증자와 감자를 할 때 어떤 투자판단을 내려야 할까?
회사의 자본금과 연관된 증자와 감자를 알아보자.

증자와 감자는 회사의 자본금과 관련되어 있다. 증자는 회사의 자본금을 늘리는 것이고, 감자는 회사의 자본금을 줄이는 것이다. 회사의 자본금은 주식 수에 액면가액을 곱해 계산하는데, 액면가액은 건드리지 않고 주식 수를 늘리거나 줄여 자본금을 조절한다.

증자에는 유상증자, 무상증자가 있고 감자에도 유상감자, 무상감자가 있다. 유상증자, 유상감자는 자본금이 변하면서 자본총액, 더 나아가 자산도 변하지만 무상증자, 무상감자는 자본금만 달라질 뿐 자본총액, 자산에는 변화가 없다.

통상 유상증자, 무상감자는 주가에 부정적인 반면 무상증자, 유상감자는 주가에 긍정적이다. 다만 기업가치에 미치는 영향은 제한적이라 회사의 증자 및 감자 이슈는 주가의 단기 흐름에만 영향을 미친다.

## 회사가 돈이 없을 때 발행하는 유상증자

유상증자는 회사가 자금이 부족할 때 새로운 주식(이하 신주)을 발행해 주주에게 투자금을 받는 것을 말한다. 유상증자를 하게 되면 회사로 직접 돈이 들어오기 때문에 자본금이 늘어나게 된다.

유상증자를 하는 방법에는 3가지가 있다. 첫 번째는 특정인에게 신주를 발행해 특정인에게 자금을 받는 것이다. 이를 '제3자 배정'이라고 한다. 두 번째로는 기존 주주에게 신주를 주고 투자금을 받는 '주주배정' 방식이 있으며, 마지막으로 주주를 포함, 불특정 다수 투자자를 대상으로 신주를 발행하는 '일반공모' 방식이 있다.

유상증자는 주식 수를 늘리기 때문에 주당 가치가 하락하고, 이론적으론 주가에 부정적이다. 신종 코로나 바이러스에 재무구조가 약해진 CJ CGV가 2020년 5월 8일 발행주식총수의 66%의 신주를 발행해 2,500억원의 자금을 조달하겠다고 공시하자 3거래일 연속 주가가 총 16.2%가량 하락했다. 물론 예외도 있다. 회사가 투자를 확대하고 그 투자가 회사의 가치를 올릴 것이란 기대가 있다면 유상증자를 해도 주가가 오르기도 한다. 미국의 전기자동차 회사인 테슬라는 2020년 2월 13일 20억달러의 유상증자를 하겠다고 밝혔음에도 일주일간 14.1% 주가가 올랐다.

무상증자는 주주들에게 공짜로 주식을 나눠주는 것이다. 유상증자처럼 신주가 발행되니 자본금은 증가하는데 공짜로 주식이 발행되니 실제로 회사에는 자금이 들어오지 않는다. 돈이 안 들어오는데 자본금은 어떻게 늘어나는 것일까?

이를 이해하기 위해선 자산의 구성을 알아야 한다. 자산은 자본총액과 부채총액으로 나뉘어지고, 자본총액(자기자본)은 주주들에게 주식을 발행하고 받은 자본금과 잉여금으로 나뉜다.

잉여금은 이익잉여금과 자본잉여금으로 구성된다. 이익잉여금은 자본금을 바탕으로 사업을 해 이익을 낸 후 주주들에게 배당을 지급하고 남은 돈을 말하고 자본잉여금은 주식을 발행하면서 얻게 된 이익, 주식발행초과금을 말한다.

주식발행초과금은 유상증자 과정에서 발생한다. 신주의 주당 발행가액이 액면금액을 초과할 경우 초과한 만큼의 금액이 주식발행초과금이 된다. 액면가액이 5천원인 주식이 주당 7천원에 발행되었다면 차익인 2천원에 신규로 발행한 주식 수를 곱한 만큼 주식발행초과금이 발생하게 되는 것이다.

무상증자를 하게 되면 이러한 잉여금이 자본금으로 이동하면서 자본금이 늘어나고 잉여금이 줄어들게 된다. 그러니 무상증자는 아무나 할 수 없고 이익잉여금, 자본잉여금이 있는 회사들만 할 수 있는 것이다.

무상증자도 유상증자처럼 주식 수를 늘리기 때문에 이론적으론 주당 가치를 떨어뜨린다. 그러나 회사가 무상증자를 하는 것은 주주환원 정책으로 이익의 일부를 주주들에게 돌려주는 것이기 때문에 투자자에게는 호재다.

## 돈 없는 최대주주, 유상감자 통해 투자금 회수

유상감자는 회사가 주주로부터 주식을 사들여 해당 주식을 없애는 것이다. 그러니 돈이 회사에서 주주로 흘러가고 줄어든 주식 수에 액면금액을 곱한 만큼 자본금이 줄어들게 된다.

유상감자는 언제 일어날까? 보통 최대주주가 상속세를 내야 하는 등 돈이 없을 때 또는 경영권을 포기하고 투자금을 회수하고 싶을 때 일어난다. 또 회사 규모에 비해 자본금이 지나치게 많다고 판단될 경우에도 유상감자를 하게 된다.

주식을 매입할 때 주당 가격이 액면가액보다 낮으면 회사 입장에선 이익, 즉 감자차익이 생기고 주당 가격이 액면가액을 넘어서면 회사 입장에선 손해가 발생하는데 이를 감자차손이라고 한다. 이는 자본잉여금(감자차익) 또는 자본조정(감자차손) 항목으로 들어가 자본총액에 영향을 미친다.

우리나라에서 가장 유명한 유상감자는 옛 외환은행을 인수했던 미국 론스타펀드의 유상감자다. 당시 미국 론스타펀드는 2003년 5월 극동건설 최대주주로 올라선 후 넉달 만에 주당 5천원의 유상감자를 실시해 650억원을 챙겼다. 어쨌든 유상감자는 주식을 사들여 없애기 때문에 자사주 매입 소각과 같은 효과가 있어 투자자들에겐 호재다.

## 자본잠식을 해결하기 위한 무상감자

무상감자는 주주들에게 어떤 보상도 하지 않은 상태에서 주주들이 갖고 있는 주식을 그냥 없애는 것이다. 예를 들어 10대 1로 무상감자가 일어난다고 하면 10주를 보유한 주주는 주식이 1주로 줄어들게 된다. 1만원짜리 주식 10주를 보유해 10만원어치 주식이 있었다면 하루 아침에 주식 수가 1주로 줄어들면서 그 가치도 1만원으로 감소한다.

무상감자는 자본잠식이 발생한 회사가 이를 해결하기 위한 수단으로 사용하는 방법이다. 자본잠식은 자본총액이 자본금보다 적은 상태로 주주들에게 주식을 발행한 후 얻은 자본금을 까먹었단 얘기다. 회사가 몇 년째 적자가 나게 되면 이익잉여금 대신 결손금이 발생하게 된다. 그렇게 결손금이 쌓이고 쌓이면 자본잠식 상태가 된다. 완전 자본잠식은 코스피, 코스닥 상장사 관계없이 상장폐지 사유다. 그러니 회사는 자본잠식 상태를 벗어나기 위해 노력할 수밖에 없다.

무상감자를 하게 되면 어떻게 자본잠식이 해결될까? 무상감자를 할 정도의 회사라면 이미 그 회사의 자본총액 구성이 자본금과 결손금으로 나뉘었을 것이다. 무상감자는 자본금과 결손금을 상계해 자본금을 줄이게 된다. 자본금이 200억원이고 결손금이 70억원이며 자본잉여금이 30억원이라고 하면, 자본총액은 160억원이 되어 자본총액이 자본금보다 적은 자본잠식 상태가 된다.

이런 상황에서 결손금 70억원을 줄이기 위해 무상감자를 하게 되면 결손금 70억원만큼 주식이 없어진다. 따라서 결손금은 0, 자본금은 130억원, 자본잉여금은 30억원이 된다. 자본총액은 160억원으로 그 전과 변함이 없으나 자본총액은 자본금보다 많아져 자본잠식 상태에서 벗어난다.

자본잠식은 경영진이 회사를 제대로 경영하지 못해 적자가 쌓여 발생하는 것이기 때문에 최대주주가 책임을 진다는 차원에서 무상감자를 할 때 최대주주의 주식 수를 일반 주주에 비해 더 많이 소각하는 '차등 감자'를 진행하기도 한다. 어쨌든 무상감자는 명백한 주가 하락 요인이다.

■ 기업의 자산 구성과 유상·무상 증자·감자 구조


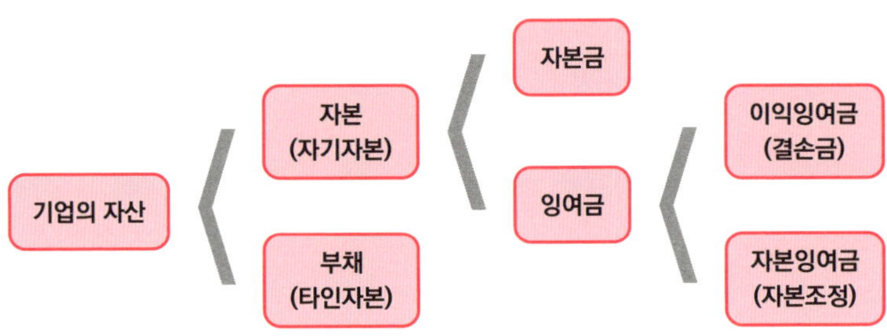

기업의 자산 구성
기업의 자산
자본 (자기자본)
부채 (타인자본)
자본금
잉여금
이익잉여금 (결손금)
자본잉여금 (자본조정)

유상증자
자본금 200억원
잉여금 100억원
자본금 400억원
잉여금 100억원
무상증자
자본금 200억원
잉여금 100억원
자본금 300억원

유상감자
자본금 200억원
잉여금 100억원
자본금 100억원
잉여금 100억원
무상감자
자본금 200억원
결손금 70억원
자본잉여금 30억원
자본금 130억원
자본잉여금 30억원

# 쩨 종목이 CB, BW를
# 자주 발행하는데 호재인가요?

만약 투자하고 있는 회사가 전환사채(CB), 신주인수권부사채(BW) 등을 자주 발행한다면 그 회사는 신용등급이 별로 좋지 않은 코스닥 상장회사일 가능성이 높다.

전환사채, 신주인수권부사채(이하 전환사채)는 신용등급이 안 좋고 재무상태가 나쁜 회사가 싸게 자금을 조달하기 위해 발행하기 좋은 수단이다. 그러나 정작 전환사채를 발행하는 상장회사의 주식투자자 입장에서 보면 전환사채 발행은 결코 좋은 신호가 아니다.

전환사채는 주로 회사채를 발행하기 어려운, 신용등급이 그다지 좋지 않은 기업이 자금을 조달하기 위해 발행하는 채권인데 나중엔 주식으로 전환되어 잘못하다간 최대주주가 바뀌는 엄청난 일의 주범이 되기도 한다.

### CB, BW가 뭐길래?

회사가 자금을 조달하는 수단은 크게 채권 발행과 주식 발행이 있다. 빚을 내거나 투자를 받는 것이다. 그러나 채권과 주식을 교묘하게 합쳐놓은 자금조달 방법도 있다. 전환사채, 신주인수권부사채 등 '메자닌'으로 불리는 것들이다. 메자닌(Mezzanine)은 건물 1층과 2층 사이의 라운지 공간을 의미하는 이탈리아어로 채권, 주식의 중간 위험단계에 있는 전환사채 등을 말한다.

전환사채는 채권을 주식으로 전환할 수 있는 권리가 부여된 채권이고, 신주인수권부사채는 채권을 그대로 보유하면서 주식을 새로 발행받을 수 있는 권리가 부여된 채권이다. 신주인수권부사채보다 전환사채 발행 비율이 절대적으로 많다. 신주인수권부사채는 주식인수권만 따로 팔 수도 있었는데 2013년 이를 금지하면서 그 뒤로 매년 전환사채 발행 비율이 전체 메자닌 채권의 70% 안팎을 차지하고 있다.

회사가 채권을 발행하려면 신용평가사의 신용등급을 받아야 하지만 전환사채는 신용등급 없이 발행된다. 금리도 낮은 편이다. 자본시장연구원이 2010년 이후 2019년 7월까지 발행된 전환사채의 금리를 조사한 결과 연 7~9%대의 금리를 보인 BBB등급의 회사채보다 낮았다. 특히 코스닥 벤처펀드 등 사모펀드 규모가 커졌던 2017~2019년엔 상당수 전환사채 금리가 0%였다. 회사 입장에서 보면 공짜로 돈을 조달한 것이나 다름없다.

전환사채는 투자자 입장에서도 좋은 투자처다. 채권 발행 후 일정 기간이 지나면 투자자 선택에 따라 채권을 주식으로 바꾸거나 주식을 사전에 정한 가격으로 살 수 있기 때문이다. 주가가 오를 것 같다면 주식으로 바꾸면 되고 주가가 떨어질 것 같다면 채권으로 보유하다가 만기 때 원금, 이자를 상환받으면 된다. 다만 대부분의 전환사채는 소수의 투자자에게만 투자 기회를 부여하는 '사모' 방식으로 발행되어 일반 투자자는 직접 전환사채 등에 투자하기 어렵다.

### 전환사채가 주가 하락의 주범?

그렇다면 왜 전환사채가 이를 발행하는 회사의 주식투자자에겐 악재일까? 전환사채는 보통 3년 만기로 발행되어 발행된 지 1년이 지나서부터 주식으로 전환할 수 있는 권리가 투자자에게 생긴다.

전환사채에 투자한 A씨가 채권을 주식으로 전환하길 원한다면 회사는 신주를 발행해서 A씨에게 줘야 하는데, 이때 주식 수가 늘어나면서 주당 주식의 가치가 떨어져 주가 하락을 유발할 수 있다. 이후 주가가 오르면 A씨는 차익실현을 위해 주식을 팔 것이기 때문에 또 다시 주가 하락이 나타날 수 있다.

그러나 전환사채가 주식투자자에게 화를 불러오는 이유는 '리픽싱(refixing)' 때문이다. 리픽싱은 주가가 하락할 경우 전환가격이나 주식 인수가격을 함께 낮춰 가격을 재조정하는 계약을 말하는데 대부분의 전환사채가 리픽싱 조건을 두고 있다.

전환사채를 발행할 때 채권이 주식으로 전환될 경우 주당 얼마로 계산할 것인지 가격을 정해야 한다. 이를 전환가액이라고 한다. 전환가액에 따라 주식 발행 수가 달라진다. 문제는 주가가 하락했을 때다. 주가가 하락하면 전환가액도 같이 떨어진다. 이에 따라 발행해야 하는 주식 수가 늘어난다.

예컨대 100억원의 전환사채를 발행하는 회사가 있다고 하자. 전환사채를 발행할 당시에는 전환가액을 5천원으로 정해 전환가능한 주식 수가 200만주였다. 그러나 주가가 하락해 전환가액이 4천원으로 낮아지면 발행해야 할 주식 수가 250만주로 늘어나고, 2,500원으로 하락하면 발행주식 수가 400만주로 늘어난다.

전환사채 발행이 나비효과가 되어 어느 날 갑자기 회사의 최대주주가 바뀔 가능성도 있다. 회사가 전체 발행한 주식 수가 1,000만주라고 하고 최대주주 지분이 25%(250만주)라고 하자. 주가가 하락해 전환사채 투자자가 가져갈 주식 수가 400만주로 늘어난다고 하면 전환사채 투자자가 기존 최대주주보다 더 많은 주식 수를 갖게 되는 것이다. 전환사채 투자자의 지분율은 28.6%(400만주 보유)가 되고 기존 최대주주의 지분율은 17.9%로 낮아지기 때문이다.

회삿돈을 빼돌리려는 목적을 가진 기업사냥꾼들이 회사를 인수한 후 전환사채를 대거 발행하는 경우도 있다. 투자자들한테 자금을 받아 더 많은 돈을 빼돌리기 위한 것이다. 기억해야 할 것은 전환사채를 발행하는 회사는 재무상태가 썩 좋지 않고 전환사채는 언젠가 주가 하락을 유발하는 요인이 될 수 있다는 점이다. 2019년에 자본시장연구원이 2010년부터 2018년까지 전환사채를 발행한 상장회사를 분석한 결과 6.9%가 상장이 폐지되었다고 밝힌 바 있다.

# 상장폐지를 미리 피할 수 있는
# 방법이 있나요?

주식투자자에게 가장 무서운 일은 상장폐지다. 투자한 주식이 모두 휴지가 되는 일. 하지만 투자자들은 이를 피할 수 있다. 그런데 왜 상장폐지를 당할까?

몰라서 당할 수도 있지만 투자자 일부는 작전주에 투자해 '한탕하고 튀겠다'라는 생각을 한다. 작전주는 주가 조작 대상이 되는 주식이다. 인터넷 종목토론방만 가도 주가조작범 이름까지 거론하며 '주가 좀 올려라'는 얘기가 오간다(주가조작범들 안 잡냐고? 사실 심증은 있는데 물증이 없는 경우가 허다하다). 주가조작범들이 주가를 올려줄 것이란 믿음에 주식을 사고 어느 정도 오르면 빠지겠다는 심사다.

그러나 착각이다. 덜컥 주식을 못 파는 상황에 닥치고 나서야 후회한다. 이런 착각에만 빠지지 않는다면 상장폐지 당할 만한 종목을 충분히 거를 수 있다.

### 한국거래소가 보내는 빨간불

보통 멀쩡하던 기업이 갑자기 상장폐지되는 경우는 극히 드물다. 일단 상장폐지로 가기 전에 '관리종목'으로 지정되는 경우가 많다. 관리종목으로 지정될 경우 빚을 내 투자하진 못하지만 주식 거래는 가능하다. 관리종목으로 지정되는 것은 상장폐지 빨간불 신호다.

'상장적격성 실질심사 대상'이 되는 것과 '상장폐지 대상'이 되는 것도 다르다. 전자는 해당 회사가 상장적격성 실질심사 대상이 될 것인지 아닌지 여부를 한 번 더 살피는 과정을 거치게 된다. 상장적격성 실질심사 대상이 된다고 판단되면 '기업심사위원회(상장폐지 여부 또는 경영개선 기간 부여) → 코스닥시장위원회(상장폐지 여부 또는 경영개선 기간 부여)'를 거쳐 최종 상장폐지를 결정한다.

후자인 상장폐지 대상이라면 바로 기업심사위원회로 가게 된다(감사보고서 의견거절에 따른 상장폐지는 기업심사위원회에서 최종 결정). 최종적으로 상장폐지 결정이 나기까지 길게는 2~3년이 걸리기 때문에 투자자들은 장기간 돈이 묶이게 된다. 정부에서는 이 기간을 1년~1년 6개월로 단축하겠다고 밝혔지만 돈이 묶인 투자

자로선 한시가 급한 상황일 것이다. 따라서 상장폐지 기미가 조금
이라도 보인다면 발 자체를 들이지 않는 편이 낫다.

### 최대주주가 이상하다면 피해라

주가조작범들이 개입되었을 가능성은 최대주주를 보면 알 수
있다. 최대주주가 너무 자주 바뀌거나 바뀐 최대주주가 투자조합,
들도 보도 못한 사모펀드라면 거르고 보는 것이 안전하다. 한국거
래소가 운영하는 기업공시채널(KIND)에서는 1년간 최대주주가
두 번 이상 변동된 경우를 '투자 유의 사항'으로 분류해 해당 회사
가 어디인지를 알려준다. 돈도 없으면서 주식을 담보로 돈을 빌려
회사를 인수하는 '무자본 M&A' 가능성이 있기 때문이다.

무자본 M&A 자체가 불법은 아니다. 그러나 기존 최대주주의
약점을 잡아 회사에 있는 현금을 노리고 접근해 회삿돈을 탈탈 털
어먹는 경우가 흔하다. 멀쩡하던 한 코스닥 상장사는 기업사냥꾼
이 2~3년간 경영하더니 85억원이던 현금 자산이 1년새 2억원으
로 줄기도 했다. 그 사냥꾼들은 재판에 넘겨졌으나 투자자로선 돈
을 잃고 난 후이기 때문에 그들이 처벌을 받아도 별 의미가 없게
된다.

기업사냥꾼에 의해 무자본 M&A가 일어나면 회삿돈을 다른
곳으로 빼돌려야 하기 때문에 대부분 경영진의 횡령·배임이 동반
된다. 횡령·배임은 주식 거래가 즉시 정지되는 상장적격성 실질

심사 대상 여부를 판단하는 사유 중 하나다. 상장 유지가 결정되면 주식 거래가 재개되나 상장폐지 대상으로 결정되면 언제 주식 거래가 재개될지 알 수 없다. 주식을 팔 기회도 얻지 못한 채 상장폐지로 직행할 수도 있단 얘기다.

코스닥 상장사의 경우 공시를 자주 위반해 불성실공시법인 누적벌점이 1년간 15점 이상 쌓인 경우에도 상장적격성 실질심사 사유에 해당한다. 기업사냥꾼이 회사를 지배할 경우 공시 위반이 반복적으로 일어나면서 벌점이 쌓이는 경우가 많다.

### 코스닥 상장사라면 재무제표도 봐라

투자한 회사가 코스닥 상장사라면 이익을 잘 내고 있는지 따져봐야 한다. 코스피 상장사는 상장한 이후 단 한 번도 흑자를 못 내더라도 괜찮지만 코스닥은 다르다.

코스닥 상장사는 별도(개별) 재무제표 기준(지주회사는 연결 재무제표 기준)으로 상장일이 속한 사업연도를 포함해 5개 사업연도 연속 영업적자이거나 최근 3개 사업연도 중 2개 사업연도에 10억 원 이상이면서 자기자본 대비 50%를 초과해 법인세차감전계속사업손실이 났다면 '관리종목'으로 지정된다. 최근 사업연도 매출액이 100억원 미만인 경우도 관리종목으로 지정된다. 관리종목으로 지정된 상황에서 추가로 관리종목 지정사유가 발생하게 되면 상장적격성 실질심사 대상이 된다. 즉시 주식 거래가 정지된다.

다만 코스닥 회사 중에서도 기술력이나 성장성을 인정받아 상
장한 '기술특례상장, 성장성특례상장' 회사의 경우 적자를 내더라
도 관리종목, 상장폐지 대상이 되지 않는다. 그러니 투자 종목이
코스닥에 어떤 루트로 상장했는지 살펴보고 기술특례상장 등이
아니라면 재무제표를 뜯어봐야 한다. 재무제표는 사업보고서에
나와 있는데 전자공시시스템에서 확인할 수 있다.

### 회계감사 '의견'도 상장폐지를 좌우한다

매년 회사들은 한 해 재무제표를 작성하고 재무제표를 제대로
작성했는지 회계법인으로부터 확인을 받는다. 이를 외부감사라고
한다. 회계법인은 외부감사 후 감사보고서를 작성하고 이에 따라
'적정, 한정, 부적정, 의견거절' 등 네 가지 중 한 가지 의견을 내게
된다. 그런데 '적정'이 아니라면 상장폐지 대상이 된다.

이 역시 코스닥이냐, 코스피냐에 따라 달라진다. 코스닥 상장
사는 감사 의견이 의견거절, 부적정뿐 아니라 한정 의견이라도 무
조건 상장폐지 대상이 된다. 그러나 코스피는 의견거절, 부적정만
상장폐지 대상이고 한정 의견을 받은 경우엔 관리종목으로만 지
정된다.

회계법인의 의견만 갖고 상장폐지 여부가 결정되다니 사전에
알 수 있는 방법은 없을까? 모두 그런 것은 아니지만 한 해 사업보
고서, 감사보고서가 작성되기 이전에 반 년 동안의 '반기보고서'

를 내는데 이에 대해서도 회계법인이 검토의견을 낸다. 검토의견에서 적정하지 않다는 의견이 나온다면 이 역시 관리종목(코스닥은 의견거절, 부적정, 한정 의견, 코스피는 의견거절, 부적정)으로 지정된다. 그러니 불안하면 이런 회사는 투자하지 않는 게 좋다.

과감하고 무서운 상장폐지도 있다. 사업보고서를 법정제출기한(사업연도 종료 후 90일 이내)을 넘어 10일 이내까지 내지 않을 경우 빼도 박도 못하게 상장폐지가 진행된다.

### ■ 코스피·코스닥 상장회사의 상장폐지 요건

| 요건 | 코스피 | 코스닥 |
| --- | --- | --- |
| 경영진 횡령·배임 | 상장적격성 실질심사 대상 | 상장적격성 실질심사 대상 |
| 1년간 불성실공시법인 누적벌점 15점 이상 | 관리종목 | 상장적격성 실질심사 대상 |
| 4년간 3회 자기자본 대비 50% 이상 법인세차감전손실 발생 | 불이익 없음 | 상장적격성 실질심사 대상 |
| 2년 연속 자본잠식률 50% 이상 | 상장적격성 실질심사 대상 | 상장적격성 실질심사 대상 |
| 2년 연속 자기자본 10억원 미만 | 불이익 없음 | 상장적격성 실질심사 대상 |
| 최근 사업연도말 자본전액 잠식 | 상장폐지 대상 | 상장폐지 대상 |
| 회계감사 의견 비적정 (한정, 부적정, 의견거절) | 부적정, 의견거절만 상장폐지 대상 | 상장폐지 대상 |
| 사업보고서를 법정제출기한을 넘어 10일 내에도 미제출 | 상장폐지 대상 | 상장폐지 대상 |

출처: 한국거래소

# 미국 주식 살까요?
# 한국 주식 살까요?

상당수의 주식투자자들이 한국 주식뿐 아니라 미국 주식에도 동시에 투자한다. 특정 증권사에 국내 주식 계좌를 개설하면서 미국 등 해외 주식 계좌를 동시에 개설할 수 있기 때문이다. 대형 증권사들은 '달러화 자동 환전' 기능과 '24시간 해외 주식 주문' 서비스를 제공하다 보니 미국 주식을 거래하더라도 별다른 불편함을 느끼지 못한다.

미국 주식시장은 한국 주식시장보다 규모가 크고 산업군이 다양하며 투자자 또한 다양하다는 강점이 있다. 그러나 미국 주식에 투자할 때는 한국 주식보다 환율과 세금에 좀더 신경 써야 한다.

### ✎ 미국 주식 따라 출렁이는 한국 주식

한국 주식은 미국 주식에 연동되어 움직이는 경우가 많다. 밤사이 각종 이벤트에 따라 미국 주식이 오르면 한국 주식 시장도 함께 오르는 경우가 많다. 반대로 미국 주식이 떨어지면 동반 하락한다. 이는 미국 연방준비제도(Fed·연준)의 기준금리 결정과 이에 따른 전망, 미국 고용 및 물가 등 거시지표 등에 의해 시장이 움직였을 때가 많다. 인공지능(AI) 관련주가 상승하면서 반도체 업황이 개선될 것 같다든지, 반대로 AI버블 논란이 커지면서 관련주가 떨어지면 국내 주식 또한 심리가 악화되면서 주가가 하락한다.

그러나 도널드 트럼프 미국 대통령이 중국 등을 상대로 관세 전쟁을 벌일 때는 얘기가 달라진다. 미국과 중국은 우리나라의 대표 수출국이고 이들 나라에 수출하는 품목의 가격이 높아질 위험이 커지니까 미국 주식이 오르더라도 한국 주식은 하락할 가능성이 높다. 그러다 보니 장기간의 시계열을 놓고 보면 미국의 스탠다드앤푸어스(S&P)500지수 등은 우상향한 반면, 코스피 지수는 '박스피'라는 오명을 쓰기도 했다.

미국에는 매월 배당을 주고, 매년 자사주를 매입해 소각하는 주식이 있을 만큼 주주환원 정책이 활발하다. 국내 주식시장도 상법을 개정해 주주의 권리를 강화하는 방안이 추진되고 있으나 직접적인 배당을 늘리는 데는 한계가 있다는 평가가 많다. 그나마 삼성전자 등 대형주 위주로 분기 배당이 실시되면서 과거보다는 주주환원 정책에 대한 인식이 개선되는 추세다.

### ✏️ 미국에선 곱버스도 모자라 3배, 5배 ETF

국내 주식시장에는 원지수의 일일 변동률을 2배를 추종하는 레버리지 상장지수펀드(ETF)와 일명 '곱버스'라 불리는 2배 인버스 ETF만 있지만 미국 주식시장에는 이를 3배까지 확장했다. 3배 이상의 레버리지 ETF와 인버스 ETF가 상장되어 있다. 최근에는 더 과감해졌다. 지수뿐 아니라 개별주식, 암호화폐 가격의 5배를 추종하는 레버리지 ETF에 대한 허가 신청이 미국 증권거래위원회(SEC)에 접수되고 있다. SEC 승인이 이뤄질 경우 엔비디아, 비트코인, 리플 등의 일일 변동률을 5배 추종하는 ETF가 만들어지게 된다. 현재는 단일 종목에 대한 3배 ETF도 없는 상황이다.

유럽에서는 AMD의 3배 인버스 상장지수상품(ETP)가 상장되었는데 AMD 주가가 하루에 33% 급등하자 가치가 '0'이 되어 청산된 사례가 있어 극단적인 레버리지나 인버스에 대한 우려도 동시에 나오고 있다. 국내 주식시장은 일일 주가 변동률이 ±30% 이내로 제한되어 있지만 미국은 제한이 없어 주가의 급등락에 따라 펀드 자체가 청산될 위험이 훨씬 크다.

### ✏️ 미국 주식은 세금과 환율에 유의하자

미국 주식에 투자할 때는 달러화가 원화 대비 낮을 때 사서, 비쌀 때 파는 것이 유리하다. 그러나 그 시점을 맞추긴 쉽지 않다. 달러화가 낮다는 것은 시장의 위험자산 선호 심리가 높아지고 유동성이 풍부할 때인 경우가 많은데, 이런 시장 상황에 맞춰 미국 주식은 상당히 올라갔을 가능성이 크다. 세금에도 유의할 필요가 있다. 한국 주식은 대주주(코스피 기준 지분율 1% 이상 또는 종목당 보유액 50억원 이상)가 아닌 이상 매도 차익에 대해 양도소득세를 내지 않아도 된다. 반면 미국 주식은 1년간 발생한 매도 차익과 손실을 합산하고, 250만원을 공제한 후 22%의 양도소득세가 과세된다. 한국 주식 배당은 배당 지급 시 약 15.4%의 배당소득세(주민세 포함)가 적용되나 미국 주식 배당은 약 15%가 원천징수된 후 지급된다.

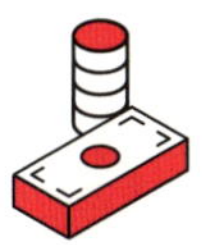

같은 시장에 똑같은 종목에 투자를 한다고 해도 투자하기 좋을 때가 있고 나쁠 때가 있다. 주식투자는 종합적인 경제 상황에 귀를 기울이는 게 무엇보다 중요하다. 그렇다면 무엇을 기준으로 경제상황을 판단할 수 있을까? 금값, 구리값, 달러 가치, 기름값 등 우리 주변엔 경제상황을 판단할 수 있는 다양한 지표들이 있다. 기업의 실적, 선물옵션 만기 등도 시장 상황에 영향을 미친다. 이 장에서는 큰 틀에서 주식시장을 살펴보는 법을 알려준다.

4장

주식하기 좋은 날은
언제인가요?

# 경제는 안 좋다는데
# 주가는 왜 오르나요?

주식은 미래를 먹고 산다. 현재 경기나 기업 실적이 아무리 나빠도 앞으로 좋아질 것 같다면 주가는 오른다. 반대로 기업 이익이 사상 최고치를 기록하고 경제성장률이 높아졌더라도 앞으로 나빠질 것 같다면 주가는 떨어진다.

삼성전자가 2018년 3분기 영업이익이 17조원대를 기록, 사상 최고치에 달했음에도 2018년 하반기 주가가 계속해서 하락한 것과 같은 원리다. 실제로 2019년엔 반도체 업황이 꺾였다.

주가는 언제의 미래를 반영할까? 통상 6개월 앞서 경기나 기업 실적을 선반영한다고 본다. 그런데 앞으로 경기가 좋아질지, 안 좋아질지는 어떻게 알 수 있을까?

경기의 미래를 예측하는 지표들을 살펴봐야 한다. 주가도 그중 하나이지만 주가보다 좀더 체계적으로 미래 경기를 진단하는 지표가 있다. 통계청이 매달 발표하는 '경기선행지수'다.

경기선행지수는 기업의 재고가 쌓여 있지는 않은지, 기업이나 소비자들의 경제 심리는 어떤지, 수출 물가, 수입 물가는 얼마나 오르고 내리는지, 장기 국고채 금리와 단기 금리 간 차이는 얼마나 나는지, 코스피 지수는 얼마나 오르는지 등을 지수화한 지표이다.

보통 전달 지표를 그 다음달 말에 발표하는데 통상 3~6개월 이후 경기 상황을 예고한다. 하지만 절대 수치보다 전년동월 또는 전월 대비로 상승하느냐, 하락하느냐가 더 중요하다. 상승한다면 경기가 좋아질 것이란 기대가 높아지지만 하락한다면 경기가 나빠질 가능성이 높다는 것을 말한다.

그런데 작년에 경기가 워낙 나빠 올해는 조금 나아진 정도인데 경기선행지수 증가율만 큰 폭으로 오르는 경우가 생긴다. 이럴 경우 경기선행지수로 경기를 제대로 예측하기 어렵다.

그래서 경기의 추세선을 제거하고 추세선에서 변동하는 부분만 보여주는 '경기선행지수 순환변동치'가 경기를 예측하는 데 더 적합하다. 경기선행지수 순환변동치로 향후 경기가 어떨지를 판단할 수 있다. 정부는 2025년 경기선행지수 순환변동치를 기준으로 최근 경기 고점(정점)은 2021년 6월이었다고 밝힌 바 있다. 그

뒤로 2년가량 선행지수 순환변동치가 하락하는 경기수축국면이 진행되다가 이후 2025년 10월까지 다시 선행지수 순환변동치가 상승하는 경기 확장국면이 진행되었다.

선행지수 순환변동치와 코스피 지수 간 시차가 생길 순 있어도 대체로 방향성은 일치한다. 2025년 들어 2025년 10월까지 선행지수 순환변동치도 가파르게 상승했는데, 코스피 지수 역시 같은 기간에 큰 폭으로 상승했다.

전 세계 경제가 하나로 연결되어 있는 데다 우리나라는 수출로 먹고 사는 나라이기 때문에 우리나라 경제뿐 아니라 세계 경제 상황도 미리 예측해 볼 필요가 있다. 경제협력개발기구(OECD)에서 발표하는 경기선행지수를 보면 된다. 전 세계, 선진국, 신흥국 및 각 나라별 데이터가 매월 발표되어 미래 경기 흐름을 예측하는 데 중요한 지표이기 때문이다. OECD 경기선행지수가 개선된다면 주가도 반등할 가능성이 높다고 봐야 할 것이다.

경제주체들의 투자 심리도 중요하다. 한국은행 등이 기업 경영진을 상대로 현재의 경기 평가와 향후 전망을 설문조사해 발표하는 '기업경기실사지수(BSI)'와 소비자를 상대로 생활 형편이 나아졌는지, 물가가 오를 것 같은지, 앞으로 지출이 증가할 것 같은지 등을 묻는 '소비자심리지수(CSI)'도 있다. 기업경기실사지수와 소비자심리지수는 100을 기준으로 이를 상회하면 앞으로 경기나 살림살이가 나아질 것이라고 보는 사람이 많다는 것이고, 100 이하면 그 반대라는 것이다.

한국은행, 정부, 국제통화기금(IMF), OECD 등 국내외 경제 기관들에서 발표하는 경제성장률 전망치도 미래 경제를 예측하는 주요 도구 중 하나다. 성장률 전망치가 상향 조정된다면 경기가 개선될 가능성이 높고 하향 조정된다면 경기가 나빠질 우려가 있다. 증권사들이 기업 실적 추정치를 계속해서 상향 조정하는지, 하향 조정하는지도 살펴봐야 한다.

### 현실을 보라, 수출·산업활동동향 등 확인해야

이런 온갖 미래 지표들을 봐서는 경기가 좋아질 것으로 예상되어 주가가 크게 상승했는데 실제 경제 지표나 기업 실적을 보니 기대보다 나빴을 수도 있다. 이는 다시 주가가 하락해 조정을 받는 이유가 된다. 반대로 예상과는 다르게 지표와 실적이 좋게 나올 수도 있다. 이는 주가 상승 요인이다.

대표적인 경제 지표로는 국내총생산(GDP) 증가율, 즉 경제성장률이 있을 수 있으나 이는 분기별로 나오는 데다 분기가 끝난 후 한 달을 더 기다려야 하기 때문에 현재의 경기 상황을 즉각적으로 알 수 없고 사후적으로 판단할 수 있는 지표이다. 따라서 주가에 미치는 영향이 생각보다 크지 않다.

매달 나오는 경기지표로는 수출과 수입 통계가 있다. 산업통상자원부가 매달 1일에 직전달의 수출, 수입 통계를 발표한다. 수출이 우리나라 경제에 막대한 영향을 미친다는 점을 고려하면 경기 상황을 판단하는 중요한 잣대가 될 수 있다.

통계청이 경기선행지수와 함께 발표하는 산업활동동향도 중요하다. 한 달 동안 생산, 소비, 투자가 어땠는지를 한눈에 볼 수 있기 때문이다. 제조업 등 광공업 생산이나 서비스업 생산이 얼마나 늘었는지부터 기업에 재고가 늘어나고 있지는 않은지, 제품이 만들어진 즉시 수출이나 내수를 통해 잘 출하되고 있는지 등을 보여준다. 또 설비투자나 건설과 기계 수주 등이 얼마나 이뤄지고 있는지도 알 수 있다. 한 나라의 경제 살림을 한 눈에 볼 수 있어 현재의 경기 상황을 확인함과 동시에 미래를 예측할 수 있다. 예컨대 광공업 생산은 늘어났는데 재고는 쌓이고 출하가 감소한다면 앞으로 경제 활력은 떨어질 수 있다고 예측할 수 있다.

# 금이나 구리값만 보도 주식시장을 예측할 수 있다고요?

2020년 상반기에 코로나바이러스가 확산하자 두 원자재(구리와 금)의 가격이 정반대의 방향을 향해 달렸다. 당시에 구리값은 꾸준히 하락했으며, 금값은 사상 최고가를 계속해서 경신했다.

도대체 왜 이런 현상이 생기는 것일까? 그리고 이 두 자산의 가격 움직임이 주식시장과 어떤 상관관계가 있는 것이길래 주식 관련 기사마다 금값과 구리값 얘기가 나오는 것일까?

우리는 보통 구리는 '위험자산'이라 부르고, 금은 '안전자산'이라고 부른다. 같은 원자재인데도 자산의 종류가 다르고 가격 방향이 다른 이유는, 두 원자재가 사회에서 활용되는 용도가 서로 다르기 때문이다. 왜 그런지 자세히 알아보자.

## 경기의 앞날을 보여주는 구리 박사님

구리는 가전제품뿐 아니라 전선, 자동차, 건설, 해운 등 각종 산업에 쓰이는 원자재다. 그래서 구리의 수요가 많아지고 값이 오르면, 산업 전방위적으로 제품 생산이 늘고 있다는 신호로 볼 수 있다. 제품 생산이 많다는 건 곧 그 제품을 살 수 있는 여력이 증가했다는 것이고, 이는 경제 상황이 좋다는 말로도 해석할 수 있다. 그래서 금융가에선 구리값을 경제 방향을 미리 알려주는 지표라고 본다. '닥터 코퍼(Dr. Copper)'라는 별명이 붙은 건 이 때문이다.

실제 코로나바이러스가 급격히 확산될 무렵인 2020년 초 구리값은 계속 하락했다. 코로나19로 인해 외출이 줄어들면 자연히 소비가 줄어들게 되고, 이에 따라 생산 및 투자도 함께 줄어들 것이란 전망이 대두되면서다. 실제 코로나19 확산이 극심했던 2020년 4월 구리값은 런던금속거래소(LME)에서 톤당 4,577달러까지 떨어졌었지만, 이후 코로나19가 완화되면서 2021년 5월엔 톤당 1만 729달러까지 가격이 올랐다.

이렇듯 구리값은 경제 향방에 따라 위아래로 움직이기 때문에 투자하려면 다소 리스크를 져야 한다. 그래서 시장에서 구리를 '위험자산'으로 분류하는 것이다. 이 위험자산에는 구리 외에도 원유, 반도체 등이 있다. 모두 비슷한 메커니즘으로 가격이 움직이는 원자재들이다.

### 경제가 안 좋을수록 더 빛나는 금

만약 한국에 당장이라도 전쟁이 나서 경제가 붕괴해버렸다고 가정해보자. 그러면 국제 금융시장에서 원화는 더이상 가치가 없을 것이다. 내가 가진 만원짜리는 쌀 한 톨 못 사는 휴지 조각이 될 수도 있는 셈이다. 그러나 내가 이때 금 한 돈을 갖고 있다면? 이 금을 달러로 바꿔서 뭐라도 살 수 있지 않을까?

이처럼 금은 전 세계에서 통용되고, 또 화폐가치가 폭락해도 현물로서 존재하기 때문에 다른 자산으로 쉽게 바꿀 수 있다. 경제가 어려울 때 오히려 강하고, 환금성도 좋기 때문에 안전자산으로 분류된다. 또 다른 안전자산으론 달러, 채권 등이 있다. 모두 거시경제가 어려울 때 상대적으로 강세를 보이는 자산들이다.

실제 미국과 중국 간 무역분쟁이 재점화되었던 2019년 당시, 금값은 계속해서 최고가를 기록했다. 이듬해인 2020년에도 신종 코로나 바이러스로 인해 금융시장이 폭락했음에도 불구하고 금값은 사상 최고가를 계속해서 갈아치우기도 했다.

### 구리·금값, 주식시장 앞날을 어떻게 예측하나요?

이렇듯 구리와 금값은 경제상황에 따라 서로 반대 방향으로 움직인다. 경제가 좋아질 것으로 예상되는 상황에서는 구리값이 오르는 반면 금값은 떨어지고, 반대로 경기의 앞날이 불확실하다면 금값이 오르는 대신 구리값이 내려간다.

한편 주식시장은 경기가 좋아야 오른다. 기업 실적이 좋아야 그 종목의 주가가 오를 수 있다. 그렇기 때문에 구리값이 오르는 것을 보면 '앞으로 경기가 좋겠구나' 하며 주가가 오를 것으로 예측할 수 있고, 반대로 금값이 오르는 것을 보면 '앞으로 경기가 어렵겠구나' 하며 주가가 쉽게 오르지 못하리라는 것을 예상할 수 있다. 그래서 구리와 금값을 보고도 주식시장의 앞날을 대략적으로 예측할 수 있다는 말이 나오는 것이다.

# 달러가 오르면 수출이 잘 되지 않나요?
# 그런데 왜 주가는 내리죠?

외국인들은 달러가 조금이라도 오르면 한국에 투자한 주식을 손해보게 된다네.
당장 손해가 생기니 달러가 오르면 외국인들은 주식을 팔지.
달러 강세와 주가 관계의 비밀!

'달러가 강한 불편한 환경이 지속되면서 외국인 자금 유입 속도가 둔화되었다.' 주식 관련 뉴스를 보면 자주 나오는 구절 중 하나다. 달러가 강하면 외국인이 한국 시장에서 투자를 덜 하고, 달러가 약해야 외국인이 한국시장에 잘 들어온다는 얘기다.

분명 학교에서 경제를 배울 땐 '한국은 수출주도형 국가라 환율이 올라야 기업 실적이 좋아진다'라고 배운다. 이 개념을 주식시장에 적용해보면 환율이 올라야 기업 실적이 좋아질 테고, 기업 실적은 주가와 연관되므로 높은 환율이 곧 증시의 호재가 되어야만 한다. 주식시장에선 환율과 주가의 관계가 미묘하다. 환율과 주가가 반대로 움직이는 경우가 많다.

그러나 항상 그런 것은 아니다. 2025년엔 코스피 지수가 급등하는 데도 환율도 함께 치솟았다. 외국인이 국내 주식을 사는 것보다 내국인이 미국 등 해외 주식을 더 많이 사고 있기 때문에 주식과 환율의 상관성이 달라지고 있다는 분석이 나온다.

## 외국인은 환율에 민감해

주식시장을 움직이는 세 주체는 외국인·기관·개인이다. 기업 실적과는 상관없이 이 셋 중 하나가 증시에 돈을 싸서 들어오면 주가는 오를 수밖에 없다. 그리고 이 중 외국인은 전체 시가총액의 30% 이상을 차지하는 '큰 손'이다.

그런데 이 외국인은 환율에 민감하다. 예를 들어 스미스씨가 1달러가 1천원일 때 100달러를 환전해서 A종목에 10만원어치 투자를 했다고 치자. 주가는 변함이 없는데 어느 날 갑자기 1달러가 1,500원으로 올랐다고 해서 스미스씨가 10만원어치 주식을 판 뒤 다시 달러로 바꾸었다면 66.66달러가 될 것이다. 환율만 올랐는데도 33달러나 손해를 보게 되는 셈이다. 달러가 강세를 띠니 어려운 말로 '환차손'을 본 것이다.

또 환율은 그 국가의 경제상태를 나타내는 지표이기도 하다. 원화 가치가 높아진다는 것은 그만큼 한국 경제가 튼튼하다는 말을 방증하는 것이다. 외국에서 한국 경제가 고평가를 받아야 원화 가치도 올라가지 않겠는가? 그래서 외국인들은 달러가 강하면 한국 주식시장을 떠나고, 달러가 약하면 들어오는 특징이 있다.

2020년 하반기, 한국에서 '외국인 투자자들 돌아오나'라는 기사가 자주 나왔던 건 이 같은 이유들 때문이다. 앞서 신종 코로나 바이러스 창궐 이후 한국 시장에서 외국인 투자자들은 대규모로 주식을 팔아치운 바 있다. 그런데 신종 코로나 바이러스를 이겨내고자 미국이 재정지출을 대폭 확대했고, 시장에 달러가 흔해지면서 달러가치가 연일 하락했다. 약달러 기조가 이어질 경우 한국 시장에 재차 외국인들이 유입될 가능성이 크기에 언론이 주목한 것이다.

### 원화와 같이 가는 위안화, 따로 가는 달러

다른 국가의 외환사정을 들여다보면 원화의 향방도 추측하기 어렵지 않다. 예컨대 중국의 위안화는 한국의 원화와 비슷한 행보를 보이는 경우가 많다. 외국인 입장에서 중국과 한국은 '신흥국'이라는 한 틀에 묶이기 때문에 주식을 매도할 때도 같이 매도하는 경우가 흔하다. 위안화 가치가 떨어지면 외국인 입장에서는 환차손을 보기 때문에 주식을 매도해야 하고, 그러다 보면 한국 주식까지 덩달아 팔게 되는 것이다. 즉 한국 시장에서 외국 자본이 유출되며 원화 약세 흐름이 만들어지는 셈이다.

위안화가 떨어지면 중국 기업들과 높은 수출 경합도를 가진 한국 기업들의 수출 경쟁력이 떨어지므로 원화는 약세를 보일 수밖에 없다. 실제 2016년 초 중국이 수출 가격에 대한 경쟁력을 회복하기 위해 의도적으로 위안화를 1.86% 절하하자, 이 같은 우려들이 반영되며 하루 만에 원달러 환율이 약 15.9원이나 뛴 적이 있다.

한편 달러가 강세를 보이면 원화는 반대로 약세를 보일 가능성이 높다. 대표적 안전자산으로 꼽히는 달러는 어느 나라에서든 통하는 돈이기 때문에 안정성이 높다.

그래서 달러값이 높아지면 그동안 높은 수익을 얻기 위해 위험 자산을 샀던 사람들이 다시 달러를 사러 달려가게 된다. 이런 이유로 달러 가치가 높아지면 반대로 위험 자산에 속하는 원화 가치가 떨어질 가능성이 높아진다.

다만 반드시 그런 것은 아니다. 2025년이 그렇다. 11월 15일 기준 주요국 통화 대비 달러가치를 뜻하는 달러인덱스는 연초 이후 8.5% 떨어졌다. 그러나 같은 기간 원달러 환율은 1.45% 하락에 그쳤다. 원래라면 원달러 환율이 더 하락했어야 했지만 원화 가치가 떨어지면서 하락폭이 적었던 것이다. 이는 한국의 유동성 증가와 더불어 미중 관세 협상이라는 불확실성, 서학개미가 바꾸는 달러화 영향 등 구조적 요인이 영향을 미친 것으로 해석된다. 이에 더해 민생회복 소비쿠폰 등 통화량이 증가하는 것도 원화 약세에 영향을 미쳤다는 평가가 나온다. 그만큼 환율에 미치는 영향이 보다 더 복잡다단해진 것이이다. 따라서 다양한 요인을 고려해 환율을 분석할 필요가 있다.

## 환율 따라 갈리는 업종 간 희비

한편 달러가 오르면 주가가 전반적으로 내려가지만, 업종별로 보면 수혜를 보는 곳도 분명히 있다. 자동차, 전자 등과 같은 수출 기업이 대표적이다. 외국에서 같은 제품을 똑같은 양으로 팔아도 달러가 비싸기 때문에 원화로 환산하면 돈을 더 번 것처럼 기록되기 때문이다. 특히 자동차의 경우 선진국과 품질이 비슷해지면서 가격이 중요해졌는데, 원화가 약할수록 가격 경쟁력이 높아지며 수출이 증가한다.

반대로 환율이 내리면 수혜를 보는 대표적인 업종이 항공이다. 비행기 리스 비용이나 연료 가격을 달러로 지불해야 하기 때문에 달러값이 내려가면 그만큼 부담을 덜 수 있다. 대부분의 항공사들은 항공기 차입금 등으로 인해 막대한 외화 부채를 갖고 있고 이자 비용도 대부분 달러로 지불해야 하기 때문에 달러가 강세를 띠면 환차손이 크게 발생한다. 이 밖에 여행업종의 경우에도 달러가 약세를 띠면 해외여행객이 늘어나 이익이 발생한다.

# 금리는 내리는데
# 주가가 오르는 이유는 뭐예요?

금리는 돈에 대한 대가, 돈의 값이다. 돈의 값은 누가 결정할까? 시장에서 수요, 공급에 따라 결정되긴 하나 중앙은행이 기준값, 기준금리를 어떻게 결정하느냐가 더 중요하다.

전 세계 금융시장이 거의 한몸처럼 움직이는 시대에 미국 중앙은행, 연방준비제도(Fed·연준)가 하는 통화정책은 전 세계 증시에 상당한 영향을 미친다.

오죽했으면 '연준에 맞서지 마라(Don't fight Fed)'는 증시 격언이 생겼을까. 연준이 달러를 풀거나 줄이면 증시에 미치는 영향이 워낙 크기 때문에 연준 정책에 반하는 투자를 했다간 큰코다친다는 얘기다.

## 중앙은행은 금리를 어떻게 결정하나?

경기가 침체되면 가계 소비가 줄어들게 되고 이에 따라 기업은 생산과 고용을 줄인다. 그리고 고용이 줄어들면 가계는 소득이 감소해 또 다시 소비를 줄이는 악순환에 빠진다. 이때 중앙은행이 기준금리를 내리면 은행 대출 금리가 낮아지고 가계와 기업이 쉽게 돈을 빌릴 수 있게 된다.

빌린 돈은 가계 소비로 이어지고 소비가 늘어난 만큼 기업은 생산을 늘려 경기가 조금씩 살아난다. 경기가 회복되어 물가 상승이 걱정될 수준이 되면 중앙은행은 다시 기준금리를 올린다. 시중에 있는 돈을 줄여서 경기 과열을 막기 위해서이다.

중앙은행은 금리를 조절해 시중에 돌아다니는 돈의 양을 관리한다. 이를 유동성이라고 한다. 유동성은 개인, 기업 등 경제주체가 보유한 자산을 현금화할 수 있는 능력을 말한다. 금리가 낮으면 은행에서 돈을 빌리기 쉬우니 시중에 유동성이 늘어나고 반대로 금리가 높으면 유동성이 줄어들게 된다.

2020년 코로나19로 경기가 침체되자 연준은 기준금리를 0%대로 내렸고, 유럽중앙은행(ECB)과 일본중앙은행(BOJ)은 금리를 마이너스 수준까지 끌어내렸다. 마이너스 금리란 시중은행들이 중앙은행에 돈을 맡기면 이자를 받는 게 아니라 오히려 수수료를 내야 한단 얘기다. 이것도 모자라 연준은 재무부가 발행하는 국채를 사들이고, 그 대가로 달러를 지불해 사방에 달러 공급을 늘리는 양적완화(QE)를 실시했다. 유럽, 일본 중앙은행들도 자국 국채 등을 매입해 각각 유로화, 엔화 등 자국 통화 공급을 늘렸다.

중앙은행이 금리를 내리는 것이나 국채 등을 매입해 양적완화를 하는 것은 시중에 유동성을 공급해 경제를 살리기 위해서이다. 그리고 공급된 유동성은 여러 곳으로 이동하는데 그중 하나가 주식시장이다.

### 금리와 주가의 관계는?

경기가 안 좋으면 돈을 빌리려는 수요가 줄어드니 돈의 값, 즉 금리가 떨어진다. 돈의 값이 싸지면 시중에 유동성이 풀리고, 이렇게 풀린 유동성은 주식시장으로 흘러가 주가를 올린다. 반대로 금리가 올라가면 굳이 위험한 주식시장에 투자할 것 없이 은행에 예금하면 되기 때문에 주식에서 돈이 빠져나간다. 그 결과 주가는 하락한다. 이렇게만 보면 금리와 주가는 역의 관계로 보인다. 그러나 둘의 관계는 그리 단순하지만은 않다.

유럽의 워런 버핏, 앙드레 코스톨라니(Andre Kostolany)는 금리와 주가의 관계를 달걀모델로 정리했다. 달걀모델은 금리 변화에 따라 돈이 어떻게 움직이는지를 설명하고 있다.

금리가 높으면 투자자들은 은행에 예금할 것이다. 그러다 경기가 위축되어 금리가 하락하기 시작하면 돈이 채권으로 이동한다. 채권 금리와 가격은 정반대로 움직이니 금리가 더 떨어질 것 같다면 채권에 투자하려는 수요가 강해진다.

경기침체를 두고 볼 수만은 없는 중앙은행이 본격적으로 개입해 기준금리를 낮추고 돈의 공급을 늘려 금리가 더 낮아진다면 채권보다 임대수익이 낫겠다고 생각하는 사람이 많아져 돈이 부동산으로 옮겨가게 된다. 이후 금리가 더 떨어져 최저점을 찍게 되면 경기가 바닥을 쳤다고 판단해 부동산에 있던 돈은 주식으로 이동한다.

경기가 좋아지면 기업들이 공장을 짓고 투자를 늘리기 위해 빚을 내면서 돈의 값인 금리가 올라간다. 이때까지도 경기 회복에 대한 기대로 인해 주가가 오른다. 그러다 물가 상승을 걱정할 정도까지 경기가 과열되면 중앙은행이 기준금리를 올릴 것이란 판단이 들어 주식으로 갔던 돈은 다시 예금으로 이동한다. 달걀모델대로라면 주식은 금리가 저점을 지날 때 사서 고점에 다가갈 때 팔아야 한다.

경기 바닥과 경기 고점에서 금리와 주가는 역의 관계를 보이지만 경기침체 초반에는 금리가 떨어져도 주가가 오르지 않고, 경기가 막 회복하기 시작한 때에는 금리가 상승해도 주가가 오른다.

**돈의 힘으로 오른 증시, 경기 뒷받침 안 되면 모래성**

금리와 주식의 관계에서 가장 주의해야 할 시기는 중앙은행이 경기가 좋다고 판단해 금리를 올리려고 할 때다. 주식시장은

2008년 이후 장기간 저금리에 길들여지다 보니 시중에 돈이 줄어
든다는 것에 상당히 민감해졌다.

2013년 벤 버냉키 당시 연준 의장은 미국 경기가 회복해 매달
매입하는 국채 규모를 줄이겠단 뜻을 내비쳤다가 역풍을 맞았다.
유동성이 줄어들 것이란 두려움 때문에 우리나라를 비롯한 신흥
국에서 자금이 빠지면서 주가가 급락했다. 한바탕 소동을 겪고 나
니 연준도 두려워졌다. 연준은 시장의 눈치를 살피다 2014년 말
양적완화를 종료했고, 금리는 2015년 말에야 조금씩 오를 수 있
었다.

2020년 신종 코로나 바이러스로 세계 대공황 수준의 경기침
체가 우려되자 연준은 금리를 또 다시 제로 수준으로 내렸고 국
채 매입을 무섭게 늘렸다. 연준이 달러 공급을 늘리기 위해 국채

**■ 코스톨라니의 달걀 모형**

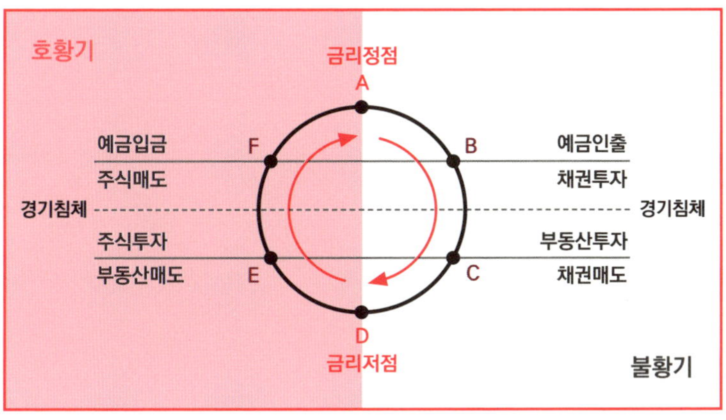

를 매입하면 연준 자산이 늘어나는데 연준 자산은 2022년 4월 약 9조달러까지 증가했다. 코로나 직후 약 2년 동안 자산이 2배 넘게 증가한 것이다. 유동성의 힘에 스탠더드앤드푸어스(S&P)500 지수도 2022년 4월 2020년 저점 대비 약 2배 올랐다.

그러나 경기침체가 계속되는데도 주가가 오를 때는 경기가 회복될 것이란 기대감과 주가가 언제 떨어질지 모른다는 불안감이 공존한다.

유동성으로 끌어올려진 주가는 2013년에 경험했듯이 경기회복이 뒷받침되지 않으면 언제 무너질지 모르는 모래성과 같다. 어두운 조명 아래 예쁘고 잘생겨 보이던 이성이 환한 곳에서 보면 콩깍지가 벗겨지게 되는 것과 같은 이치다.

그러나 언제까지 조명 아래에만 있을 수는 없다. 유동성이 풀렸을 때 가계, 기업 등으로 흘러가 실제 경기회복의 마중물 역할을 해야 유동성을 줄여도 주가가 안정적으로 상승할 수 있다.

# 기름값이 싸진 것도
# 주가와 관련이 있다고요?

원유, 기름은 경제가 돌아가는 데 쓰이지 않는 곳이 거의 없다. 자동차, 배, 비행기 등이 움직이기 위해서도 휘발유, 경유 등이 필요하고 신종 코로나 바이러스로 불티나게 팔린 마스크와 손세정제를 만드는 데도 원유가 사용된다.

### 원유 소비국에선 유가 오르면 부정적

원유 가격(유가)이 오르느냐 내리느냐에 따라 경제, 주가가 어떻게 반응할지는 그 나라가 원유 생산국인지, 소비국인지에 따라 다르다. 사우디아라비아, 러시아, 브라질 등 산유국처럼 원유를 팔아 돈을 버는 나라에선 유가가 올라가면 이득이다.

유가가 상승할 것이라고 전망되면 이들 나라의 주가가 오른다. 그런데 원유를 산유국에서 수입해 소비하는 나라에선 유가 상승이 경제에 부정적이다. 이론적으로 원유 등 원자재 가격이 오르면 수입 물가가 상승하고 이는 경제에 부담이 되어 주가에도 부정적인 영향을 주기 때문이다. 기름 한 방울 안 나는 우리나라는 대표적인 원유 소비국으로 후자에 속한다.

하지만 유가 상승이 무조건 경제에 부정적이라고 말할 수는 없다. 대신 유가가 상승하는 이유가 무엇인지 잘 따져봐야 한다. 경제가 좋아지는 과정에서 유가가 오른다면 큰 부담이 없다. 항공사에선 유류비가 올라가더라도 여행객이 증가한다면 비행기값을 올리면 되기 때문에 별 문제가 되지 않는다. 기름값이 무섭다고 해외 여행을 가지 않는다거나 자동차를 안 타고 다니진 않을 것이기 때문이다. 즉 원자재인 유가가 상승한 만큼을 소비자 가격으로 전가할 수 있단 얘기다.

반대로 산유국끼리 전쟁이 나서 원유 공급이 줄어 유가가 오른다고 생각해보자. 이때는 원자재 가격이 올라도 소비자 가격에 전가할 수가 없다. 또한 원유 소비국들은 기업 실적이 나빠지게 된다. 유가가 하락하면 원자재 가격이 떨어져서 좋다고 생각할 수도 있겠지만 소비자 가격 역시 하락하므로 기업에 이득이 되지 않을 가능성이 있다. 그러니 유가 상승과 하락을 제품, 서비스 판매 가격에 반영할 수 있는지가 더욱 중요하다.

## 유가는 업종별로 이해관계 다 달라

원유를 수입·정제해서 휘발유, 경유, 천연가스 등 석유 제품을 만들어 수출하는 정유업체나 원유를 정제해 납사(나프타, Naphtha)를 만들고 이를 토대로 타이어 원료 등을 만드는 화학업체는 유가가 하락하면 원자재를 낮은 가격에 수입할 수 있다는 장점이 있다. 반대로 유가가 상승하면 원자재 가격 또한 비싸진다.

그렇다면 유가 하락은 정유·화학업체에 무조건 좋고, 유가 상승은 나쁜 것일까? 그렇지 않다. 이 역시 시장 상황에 따라 달라진다. 원유를 싼값에 들여왔어도 석유 제품이나 석유화학 제품의 가격에 유가를 전가할 수 없다면 이익이 남지 않는다.

원유를 싼값에 들여와 제품으로 만들고 이를 비싸게 팔아야 이익이 난다. 이런 측면에서 볼 때 산유국에서 원유를 구입한 후 한두 달 사이에 유가가 올랐다면 이익이 날 수 있다. 산유국에서 원유를 구매해 국내로 들여오는 데 보통 1~2개월의 시간이 걸리는데 이때 유가가 오르면 원유(재고자산)평가이익이 증가하게 된다. 이를 '래깅 효과(lagging effect)'라고 한다. 예컨대 원유를 구입했을 당시 유가가 배럴당 30달러였는데 한두 달 후 50달러로 올라가면 창고로 들어온 원유의 평가이익이 증가하는 데다 휘발유 등 석유 제품에 대한 판매 가격도 높일 수 있다.

반대로 원유를 구입한 후 유가가 한두 달 사이에 하락했다면 손실이 커질 수 있다. 2020년 1월 초 배럴당 60달러 중반에 거래되던 유가가 3월 말 20달러대로 급락하자 에스오일, SK이노베이션 등 정유업체들은 재고자산평가손실로 인해 1분기 1조원이 넘는 최악의 영업적자를 냈다.

조선업체, 해운업체도 유가에 영향을 받는다. 조선업체는 배를 만들 뿐 아니라 바닷속에서 원유를 뽑아내 정제하고 보관할 수 있는 해양 플랜트 시설 등을 만들기도 한다. 유가가 하락하면 원유 및 신규 해양 에너지원에 대한 수요가 감소해 관련 수주가 줄어들어 부정적인 영향을 미친다. 해운업체의 경우 유류비가 소요되기 때문에 유가가 하락할수록 유리하지만 유가 하락의 원인이 수요 감소라면 물동량이 감소해 배를 움직이는 횟수가 줄어들므로 이익이 개선될 가능성이 낮다.

한국전력 등 유틸리티 업종이나 대한항공 등 항공 업종은 대표적으로 원유가 비용인 업종이다. 유가가 오르면 비용이 증가하면서 이익 구조가 나빠지고 유가가 하락하면 비용이 줄어 이익 구조가 개선된다.

# 실적이 잘 나왔다는데 기준이 뭔가요?

실적이 잘 나올 종목에 미리 투자해두면 투자 수익률이 오르겠지?
애널리스트들은 수익률을 더 높이기 위해 미리 실적을 예상해 둔다고.
실적이 좋다 아니다는, 예상치를 두고 판단해.

'삼성전자가 1분기 어닝서프라이즈를 기록해 주가가 올랐다'
매 분기 기업 실적이 발표될 때가 되면 으레 볼 수 있는 헤드라인
이다. 그렇다면 실적은 정확히 언제쯤 발표되는 것일까? 또 실적
이 잘 나왔다거나 못 나왔다고 말하는 기준은 무엇일까?

### 어닝쇼크와 어닝서프라이즈의 기준은?

기업의 실적이 정식으로 발표되기 전에 각 증권사의 애널리
스트들은 이번 분기 실적의 잠정치를 내놓는다. 실적이 잘 나오면
기업가치가 오르며 주가도 상승하는데, 만약 다른 사람보다 먼저

실적이 잘 나올 것을 예상하고 해당 주식을 사 놓으면 주가 상승을 더 크게 누릴 수 있기 때문이다.

그러나 기업이 실적과 같은 중요 정보를 공시 이전에 미리 흘리는 것은 불법이다. 그래서 애널리스트는 기업의 실적을 가능한 정확하게 예측해 증권사의 고객들이 한 발 앞선 투자 판단을 할 수 있도록 도와준다. 기업에 방문해 공장이 얼마나 돌아가나 가늠해보고, 해당 상장사에 재료를 공급하는 업체들을 만나 얘기도 들어보며 이번 분기 실적이 어느 정도 나올 것 같은지를 예상하는 식이다.

이렇게 애널리스트들이 추정한 실적 전망치의 평균치를 구한 게 바로 '컨센서스(Consensus)'다. 이 컨센서스를 기준으로 실제 실적이 잘 나왔는지 못 나왔는지를 따진다. 만약 이 컨센서스보다 실제 실적이 10% 이상 잘 나오면 '어닝서프라이즈', 반대로 못 나왔을 경우엔 '어닝쇼크'라고 판단한다. 기준을 누가 10%라고 딱 정하진 않았지만, 시장에선 대략 10% 상회·하회를 서프라이즈와 쇼크의 기준으로 삼는다.

보통 큰 폭으로 예상치를 상회한 어닝서프라이즈가 나면 주가가 오를 가능성이 높다. 반대의 경우는 주가가 하락할 가능성이 높다. 다만 어닝 서프라이즈가 났다고 해서 무조건 주가가 오르는 것은 아니고, 쇼크가 났다고 해서 100% 주가가 떨어지지도 않는다. 실적이 좋지 않을 것을 예상하고 지속적으로 매도해 온 경우에는 오히려 어닝쇼크가 발표된 당일 주가가 오르기도 한다.

## 실적 발표 때 눈여겨보면 좋은 항목들

한편 실적을 볼 때엔 매출액, 영업이익, 당기순이익을 각각 주의 깊게 봐야 한다. 최근 사업의 규모와 현금흐름을 가늠할 수 있는 가장 좋은 수단이기 때문이다.

매출액은 해당 기업이 기업활동을 통해 벌어들인 금액의 총량을 나타낸다. 투자자들은 작년 동기 매출액과 비교해 이번 분기 회사가 총 얼마의 돈을 벌어들였는지를 짐작해볼 수 있다.

영업이익은 매출액에서 매출원가와 판매관리비 및 일반관리비를 뺀 금액을 말한다(영업이익 = 매출액 − 매출원가 − 관리비·판매비). 매출액은 비슷하거나 더 늘었는데 영업이익이 더 크게 줄었다는 건 영업비용이 그만큼 증가했다는 것으로, 효율적으로 비용관리를 하지 못했다는 얘기가 될 수 있다. 단 업종의 특성에 따라 차이가 나므로 비슷한 업종끼리 비교해보는 게 좋다.

한편 당기순이익은 영업이익에서 영업외손익을 반영하고 법인세 비용까지 차감시킨 금액이다(당기순이익 = 영업이익 + 영업외손익 − 영업외비용 − 법인세). 영업외손익이란 예금이자, 부동산 투자, 기업체 및 각종 자산투자 등 영업과 별도로 기업이 벌인 기타사업에서 벌거나 잃은 돈들을 말한다.

당기순이익은 '순'이라는 말이 들어있어 마치 순수한 이익을 표시하는 것처럼 보인다. 그러나 그 기업이 진짜 돈을 잘 버는지 확인하려면 당기순이익이 아닌 영업이익을 확인하는 게 더 적절하다. 당기순이익은 영업이익과 달리 영업활동 이외에 일시적이고 비경상적인 활동, 즉 본업이 아닌 일을 통해 얻은 이익까지 포함하기 때문이다. 예를 들어 회사 소유의 부동산 및 설비를 매각해 이익을 남기거나 자사주나 채권을 팔아서 이익을 남긴 것도 영업외손익으로 계산되어 당기순이익에 포함된다.

실제 2025년 1분기 대신증권은 388억원의 영업이익을 기록했지만 당기순이익은 이보다 훨씬 더 많은 769억원을 기록했다. 당기순이익이 영업이익보다 2배 가까이 더 많았던 것은 당시 부동산 등 비핵심자산을 매각한 덕이었다.

## 성적표 공개 안 하는 기업은 즉시 상장폐지

성적이 낮으면 부모님에게 보여주기 싫듯, 기업도 실적이 안 좋으면 투자자에게 숨기고 싶을 것이다. 만약 기업이 실적을 공개하지 않는다면 어떻게 될까?

우리나라 주식시장에 상장된 기업은 한 분기나 반기가 종료되면 이로부터 45일 이내에, 한 해(회계연도)가 종료되면 90일 이내에 실적을 발표해야 한다. 각각 분기보고서, 반기보고서, 사업보고서를 공시해 실적을 밝히는 것이다.

예컨대 12월 결산법인 기준으로 1분기 실적은 분기 보고서를 통해 3월 말로부터 45일이 지난 5월 중순까지 공시해야 하며, 한 해를 결산한 실적은 사업보고서를 통해 12월 말로부터 90일 이내인 3월 말~4월 초까지 제출해야 한다.

분기·반기·사업보고서 제출은 의무다. 주요기업이 성적표를 보여줘야 투자자들도 내 돈을 맡길지 말지를 결정할 수 있기 때문이다. 그래서 한국거래소는 분기·사업보고서를 늦게 낸 상장사의 경우 관리종목으로 지정해 지켜본다. 만약 제출기한으로부터 10일 이내에도 제출하지 않는다면 즉시 상장폐지 절차에 들어간다.

다만 상장사 중에서는 보고서를 제출하기 전에 잠정실적을 미리 밝히는 경우도 있다. 완전히 결산이 끝나지 않아서 변동이 있을 순 있지만, 이번 분기에는 이만큼 돈을 벌었다는 것을 미리 투자자에게 고지하는 것이다. 삼성전자나 SK하이닉스와 같은 규모가 큰 회사의 경우 대부분 매 분기 잠정실적을 발표한다.

# 선물옵션 만기엔
# 조심하라던데, 왜죠?

주식시장에도 '마녀의 날'이란 할로윈 데이가 있다. 선물 만기일과 옵션 만기일이 겹치는 날이다. 코스피200 선물·옵션, 미니 코스피200 선물·옵션, 코스닥150 선물, KRX300 선물, 변동성 지수 선물, 섹터지수 선물, 개별주식 선물, 개별주식 옵션 등이 동시에 만기가 도래한다.

주가 지수 옵션, 주식 옵션은 매월 두 번째 목요일에 만기일이 돌아오고 주가 지수 선물, 주식 선물은 3, 6, 9, 12월 두 번째 목요일에 만기가 된다. 그러니 '마녀의 날'은 3, 6, 9, 12월 두 번째 목요일이 된다. '마녀의 날'은 주가가 장 마감을 앞두고 어느 방향으로 갈지 예상하기 어려워 마녀들이 심술을 부린다는 뜻에서 붙여졌다.

# 만기일은 선물·옵션 투자자들의 성적표 공개 날

선물은 코스피200지수나 개별주식을 만기일에 사전에 정한 가격에 사거나 팔기 위해 매매하는 상품이고, 옵션은 코스피200, 개별주식을 만기일에 사거나 팔 수 있는 권리를 매매하는 상품이다.

삼성전자 주가가 5만원에서 5만 3천원으로 오를 것 같아 6월 만기일에 5만원에 삼성전자를 사는 선물 매수 거래를 했다고 하자. 그런데 정작 만기일에 삼성전자 주가가 4만 9천원에 불과하다면 선물 매수자는 1천원 손실이 발생한다. 반면 선물 매도자는 4만 9천원보다 더 비싼 5만원에 삼성전자를 팔 수 있게 되니 1천원만큼 이득이다.

6월 만기일에 삼성전자를 살 수 있는 권리를 매수한 콜옵션 매수자는 어떨까? 콜옵션 매수자는 500원을 콜옵션 매도자에게 주면서 만기일에 5만원에 삼성전자를 살 수 있는 권리를 매수했다. 그런데 만기일에 삼성전자가 4만 9천원으로 떨어졌다면 1천원 손실을 보느니 계약금 성격의 500원만큼만 손실을 보면 된다. 콜옵션 매수 권리를 포기하는 것이다. 반면 콜옵션 매도자는 500원 이득이다.

삼성전자를 10만원에 팔 수 있는 권리를 매수한 풋옵션 매수자는 만기일에 삼성전자가 9만 9천원이 되었으나 10만원에 팔 수 있는 권리가 있으니 1천원 이득이다. 반면 풋옵션 매도자는 1천원 손실이다. 물론 계약금을 주고받은 것을 고려하면 풋옵션 매수자는 500원 이득, 풋옵션 매도자는 500원 손실이다.

선물, 옵션을 거래한 후 중간에 반대매매를 통해 청산할 수도 있지만 만기일까지 기다렸던 투자자에게 이날은 자신들의 투자 성적표가 결정되는 날이기도 하다. 선물, 옵션 투자자는 만기일 지수와 주가의 종가에 따라 이익과 손실이 결정된다.

선물 매수자, 콜옵션 매수자, 풋옵션 매도자는 만기일에 지수나 주식 가격이 올라야 이익을 보는 반면 선물 매도자, 콜옵션 매도자, 풋옵션 매수자는 지수, 주가가 하락해야 이득을 본다. 특히 선물, 옵션은 매수자가 이득을 보면 반대로 상대편 매도자가 동일한 금액만큼 손실을 보는 제로섬 게임이니 장 마감을 앞두고 눈치 싸움이 치열해질 수밖에 없다. 만기일에는 예상치 못한 매매 물량이 쏟아져 나올 수 있기 때문이다.

연초부터 프로그램 매매로 코스피200현물을 사고 코스피200선물을 파는 매수차익 거래를 해 온 투자자가 있다고 하자(프로그램 매수 차익 거래). 이 투자자는 3월 만기 때도 현물을 팔지 않고 그대로 보유한 채 코스피200선물 3월 만기물을 6월물로 교체하는 거래를 했다. 그러다 보니 거의 반년간 쌓인 프로그램 매수 차익 규모가 상당하다. 이 물량이 6월 만기일에 한꺼번에 쏟아지면서 반대매매로 청산된다면 코스피200선물에선 매수 거래가 나오겠지만 코스피200현물에선 대규모 매도가 나올 것이다. 대형주 위주의 프로그램 매도가 나타날 경우 개별 주식뿐 아니라 주가 지수도 끌어내릴 수 있다.

반대로 프로그램 매도차익 거래(현물 매도, 선물 매수) 규모가 크게 쌓여 있는 상태에서 만기일에 청산이 이뤄진다면 코스피200 선물에선 매도가, 코스피200현물에선 매수가 이뤄질 테니 코스피200지수는 상승하는 방향으로 무게가 실릴 것이다.

이렇게 선물, 옵션 만기일로 인해 지수나 주가가 크게 흔들리는 현상을 꼬리가 몸통을 흔든다는 뜻의 '웩더독(Wag the Dog)'이라고 한다. 선물, 옵션은 코스피200지수, 주식 등 현물 시장에서 파생되어 나온 파생상품인데 이들의 영향력이 커지면서 본체인 현물 시장을 좌우하게 된다는 의미다.

만기일 종가가 중요한 만큼 보통 때 선물, 옵션 거래 시간은 오전 9시부터 오후 3시 45분까지다. 하지만 만기일에는 특별히 오전 9시부터 오후 3시 20분까지만 거래된다. 선물, 옵션 거래가 현물 종가에 영향을 줄 수 있으니 종가 결정을 위한 단일가 매매가 시작되기 직전에 마감되는 것이다. 이는 한국거래소에 한한다. 아직까지 넥스트트레이드에선 선물, 옵션 등 파생상품은 거래하지 않는다.

우리나라는 한때 파생상품 시장 규모가 세계 1위였다. 그러나 선물, 옵션을 하다 쪽박 차는 개인투자자들이 늘어나자 2011년 '파생상품 건전화 조치'로 선물, 옵션투자자를 일정 조건을 갖춘 투자자로 제한하면서 파생상품 시장이 크게 위축되었다. 파생상품 시장이 위축된 데다 저성장 구조에 국내 증시의 변동성이 줄어들자 마녀의 날이 갖는 영향력도 줄어들었다. 선물, 옵션 투자법은 제6장에서 더 자세히 설명한다.

# 공매도가 개미지옥이라던데
# 정말 그런가요?

없는 주식을 판다니 공매도는 정말 주식시장의 적이 아닐까?
아니! 사실은 공매도가 주식시장에 주는 순기능도 있어.
공매도를 잘 살펴보면 나쁜 종목을 피해갈 수 있지.

신종 코로나 바이러스로 인한 주식시장 폭락이 계속되자 금융당국이 가장 먼저 내놓은 대책 중 하나는 공매도를 한시적으로 금지하는 것이었다. 주가를 내리는 주범 중 하나가 공매도라는 수많은 개인투자자의 원성을 고려한 조치다. 이후 6개월의 금지시한이 지나 금융당국이 공매도 재개여부를 논의하자 개인투자자들은 거세게 반발했다. 정부가 부동산 규제를 강화하면서 부동산투자도 막혔는데 주식투자로 돈 버는 것마저 막을 거냐는 논리였다.

주식을 하는 사람이라면 으레 정부와 공매도에 대해 욕을 할 수밖에 없다는데, 도대체 공매도가 무엇이기에 이리도 욕을 먹는 것일까?

## 외국인과 기관이 공매도로 합세해 주가 내린다?

공매도란 쉽게 말해 '없는 것을 판다'는 의미로, 주식을 빌려 시장에 판 뒤에 주가가 떨어지면 다시 사들여 되갚는 투자기법을 말한다.

현재 주가가 1만원인 A종목이 떨어질 것 같으면 10주(10만원어치)의 주식을 빌려 매도한 후 10만원의 현금을 주머니에 넣고, 나중에 5천원으로 떨어질 때 10주(5만원어치)를 다시 사서 돌려주면 내 주머니엔 현금 5만원이 남는다. 즉 하락장에 베팅해 수익을 내는 기법이다.

내가 투자한 종목의 주식을 빌려와 다짜고짜 팔아버린다니 불쾌한 일이 아닐 수 없다. 심지어 이 공매도에 참여하는 투자자의 대부분이 외국인과 기관이다.

보통 외국인과 기관은 대량의 주식거래를 하기 때문에 가진 주식이 많은데, 이를 가만히 두기보다는 일정 수수료를 받고 다른 외국인과 기관에 빌려주곤 한다. 하지만 개인은 상대적으로 담보가 불확실하고 자금력이 딸리는 탓에 주식을 빌려오기가 어렵다. 개인이 주식을 빌릴 수 있는 플랫폼이 있지만 주식 물량이 턱없이 적어 활성화되지 않는 것이 현실이다. 외국인과 기관이 합세해 주가를 떨어뜨려, 힘 없는 개인 투자자들이 피해를 입는다는 풍문은 이런 과정을 통해 탄생한 것이다.

금융당국 역시 개인투자자가 공매도에 참여하기 어려운 '기울어진 운동장' 문제를 잘 알고 있다. 그래서 매번 이를 시정하겠다고 하지만 좀처럼 고쳐지지 않는 게 현실이다.

## 공매도, 주가 거품 꺼뜨리며 제값 찾아주는 역할도

이렇게만 보면 공매도는 자본시장의 적과 다름없다. 그럼에도 전 세계 대부분의 금융당국이 공매도를 허용하는 이유가 있다. 공매도가 주식의 제값을 찾아주는 기능을 하기 때문이다.

예컨대 B종목의 주가가 현재 1만원인데 이 회사에 문제가 생겨 당분간 제품생산이 어려워졌다 치자. 생산 차질을 고려하면 주가는 7천원까지 떨어져야 맞다. 그러나 투자자들이 손실을 피하기 위해 무작정 버티기에 나서기 때문에 주가는 느리게 떨어지곤 한다.

떨어져야 할 주가가 떨어지지 않는 사이 주가엔 거품이 낀다. 이 과정에서 몇몇 투자자는 '주가가 크게 안 떨어지는 걸 보니 이 종목을 사도 되는 것 아니냐'는 그릇된 의사결정을 내리기도 한다. 공매도는 이 거품이 낄 새도 없게끔 B종목의 주가를 7천원까지 끌어내리며 적정 주가를 찾아준다.

낙관론자라면 주식을 사서 B종목에 투자할 수 있다. 그러나 비관론자는 미리 그 종목을 보유하고 있지 않는 이상, 공매도라는 제도가 없으면 B종목에 애초에 진입조차 하지 않으려 할 것이다. 어디든 찬성과 반대가 조화를 잘 이뤄야 균형을 잡을 수 있듯이,

시장도 비관론자와 낙관론자가 섞여야 중심을 잡을 수 있다. 따라서 비관론자도 종목에 참여할 수 있게 만든 제도가 바로 공매도인 것이다.

또 현금으로 빚을 내서 주식을 사는 것이 투자자에게 자연스러운 일인 만큼, 내가 빚을 내 산 주식을 먼저 파는 것도 그만큼 당연한 일이다. 빚을 갚을 수만 있다면 빚을 내 주식을 사든 팔든 모두 문제가 되지 않는다. 공매도 세력도 당연히 차후엔 빌린 주식을 갚아야 한다.

### 공매도 세력이 모이는 종목엔 이유가 있다

2020년 초 미국 머디워터스(Muddy Waters)란 미국의 헤지펀드는 당시 '중국의 스타벅스'라고 불리며 주가가 폭등하던 루이싱커피에 대해, 지나치게 매출을 조작하고 있다는 내용의 보고서를 공개하는 동시에 공매도에 나선 바 있다. 몇 달 뒤 이 의심이 맞았다는 게 밝혀지며 주가가 폭락했고, 급기야 나스닥 시장에서 상장폐지되기에 이르렀다. 머디워터스가 루이싱커피의 제값을 찾아준 셈이다.

이처럼 공매도 투자로 유명한 몇몇 기관은 공매도와 동시에 '왜 이 주식의 가격이 내려야만 하는지'를 설명한 보고서를 내며 시장을 납득시키려 한다. 그 논리대로 주가가 내려야만 돈을 버니까 말이다.

만약 누군가 그 보고서를 읽고 수긍했다면 주가가 본격적으로 내리기 전에 주식을 팔아 손실을 피할 수 있지 않았을까? 현명한 투자자라면 그저 공매도를 욕할 게 아니라, 내 종목에 공매도가 왜 몰리는지를 돌아보고 투자를 재점검할 기회로 삼아야 바람직할 것이다.

# 주주들끼리 싸움이 붙었는데 왜 주가가 오르죠?

주식시장에서 싸워서 이기려면?
시장에 널린 주식을 사들여 쪽수를 늘리거나 혹은 소액주주를 꼬셔
제 편으로 만들거나! 그 과정에서 주주들은 이득을 보는 경우가 많다!

세상에서 제일 재미있는 구경이 싸움 구경이라는데, 주식시장에선 특히 그렇다. 주주들끼리 싸우기 시작하면 이상하게 그 종목의 주가가 오르기 때문이다. 주주가 싸우면 주가가 올라가는 현상, 사실 여기엔 상식적 이유가 존재한다.

### 쪽수 늘리려고, 주식 사거나 소액주주 꼬시거나

주주들끼리의 싸움에서는 지분율을 얼마나 가져갈 수 있는지에 승패가 갈린다. 주식회사의 모든 일은 주주총회에서 결정되고, 주주의 동의 없이는 어떠한 안건도 통과될 수 없다. 지분율을 높여서 찬성투표율을 높여야만 싸움에서 이길 수 있는 것이다.

그래서 주요 주주들끼리 싸우면 서로 주식을 매입하려고 든다. 주식은 한 주당 한 표의 의결권을 가지니까 경쟁적으로 주식을 많이 사들여서 이기려고 하는 것이다. 그런데 주식은 기업 가치와 무관하게 수요와 공급에 따라서 가격이 결정되기도 한다. 주식을 사려는 수요가 증가하면 주가는 자연스레 올라간다. 지분확보 경쟁으로 주가가 올라가는 원리는 여기에 있다.

직접적으로 주식을 사들이지 않아도 찬성투표율을 올리는 또 하나의 방법이 있다. 바로 이미 주식을 들고 있는 소액주주를 내 편으로 만들어 이들이 나에게 한 표를 행사하게 만드는 것이다. 그러기 위해서는 소액주주가 혹할 만한 조건을 제시해야 한다. 배당을 많이 주겠다거나, 오랫동안 주가를 억누르고 있는 외부 사업을 접겠다는 식의 공약을 내거는 것이다. 소액주주를 꾀기 위해선 주주에게 우호적인 공약을 내걸 수밖에 없으니 주가는 또 오를 수밖에 없는 것이다.

고려아연의 경영권 분쟁을 예로 들어보자. 고려아연의 경영권 분쟁은 창업주 고(故) 최기호 회장의 장남인 최윤범 회장이 경영권을 승계한 고려아연 측과 최대주주인 영풍그룹 측이 대립하는 과정에서, 사모펀드 MBK파트너스가 영풍 측의 우군으로 참여하며 분쟁이 격화되었다. 2024년 이후에 공개매수와 의결권 경쟁이 이어지면서 지배구조 개편 기대감이 커졌고, 시장은 이를 '지배권 프리미엄'으로 반영했다. 이에 주가는 100% 가까이 뛰었다. 반대로 MBK와 영풍 측의 추가 대응이 제기되거나 분쟁 장기화 우려가 커질 때는 단기 조정이 반복되었다.

심지어 양측은 소액주주를 자신의 편으로 끌어들이기 위한 공약도 내걸었다. 영풍 측이 자기주식 전량을 소각하겠다고 발표한 것이 대표적이다. 이러한 공약들은 기업가치를 높여 주가를 끌어올릴 수 있는 요인으로 작용했다.

### 분쟁 끝나면 주가는 빠르게 제값 찾아간다

경영권 분쟁이 일어나면 주가가 오르기 마련이기에, 투자자들은 경영권 분쟁 자체를 호재로 여기고 주식을 사들이려고 한다. 이렇듯 투기적 세력이 모이면서 주가는 비정상적인 급등세를 보이기도 한다. 그러나 경영권 분쟁이 마무리되거나 큰 소득 없이 끝나게 되면 주가 거품은 빠르게 꺼진다는 사실에 유의해야 한다.

고려아연의 경우만 보더라도 경영권 분쟁이 절정에 치달았을 때 주가가 약 190만원까지 상승했으나, 이후 분쟁이 잠잠해지자 100만원대까지 다시 하락했다.

# 그래서 언제
# 주식시장에 진입하면 되죠?

주식으로 돈을 벌고 싶다면 대세 상승기에 시장에 들어오렴.
그래야 손해를 볼 가능성이 적어진단다. 그런데 대세 상승기를 어떻게 판단하냐고?
이번 코너를 잘 따라와 봐!

백화점, 면세점 등에 가서 쇼핑을 할 때 가장 많이 돈을 쓰게 되는 때는 언제일까? 세일할 때? 그런데 세일 시즌에 가보면 알겠지만 정작 맘에 드는 예쁜 물건이 없을 때가 많다. 그러다 어느 날 백화점에 가보면, 안 사면 꿈에 나와버릴 것만 같은 옷, 신발, 가방 등이 눈에 밟힐 때가 있다.

때마침 주머니에 돈도 넉넉하다면 그야말로 플렉스(Flex)다. 돈만 있어도 안 되고 예쁜 물건만 있어도 안 된다. 2가지 조건이 모두 충족되어야 한다.

증시도 플렉스 시즌이 있다. 증시로 돈이 계속 들어오면서 주가가 상승하는 이른바 '대세 상승기'다. 대세 상승기는 어떻게 포착할까? 경기 지표가 안 좋다고 언론에서 계속 떠들어대는데도 금리는 낮고, 갈 곳 없는 돈은 언제든 쉽게 현금화가 가능한 증시로 들어온다. 대세 상승기의 초입이다.

반대로 대세 하락기를 예측하는 방법은 없을까? 언론에선 수출, 고용 등의 지표가 사상 최고치를 찍었다며 경기 회복에 샴페인을 터뜨리기 시작한다. 그런데 이상하게 주가는 하락한다면 약세장 진입 초반으로 해석할 수 있다.

증시가 대세 상승기 또는 대세 하락기에 진입할 때 주변에 어떤 신호음들이 울리는지를 잘 파악만 해도 주식을 언제 사야 할지, 팔아야 할지 예측할 수 있다.

### 상승기와 하락기의 신호음들

강세장과 약세장을 구분해 이론화한 '다우 이론'이 있다. 월스트리트저널을 창간한 찰스 다우가 고안한 이론이다. 이는 크게 6가지 국면으로 나뉜다.

첫 번째는 강세장 태동기다. 전반적으로 경기나 기업 실적이 어둡고, 언론엔 부정적인 기사가 가득하다. 금리가 낮고 시중에 유동성은 풍부한데 주가가 오를 것 같지 않아 실망한 투자자들이 주식을 팔기 시작한다. 그런데 거래량은 줄어들지 않고 일반투자자가 판 주식을 전문투자자들이 서서히 주워 담기 시작한다. 동트기 전이 가장 어둡다고 하는데 바로 이 시기가 그러한 때이다.

두 번째는 경기와 기업 실적에 대한 기대감이 서서히 높아지기 시작하는 시기다. 이 시기에는 주가가 오르는 것이 눈에 보이기 시작해, 일반투자자들도 주식에 관심을 갖고 매수한다. 경기 개선 기대에 금리가 바닥을 찍고 반등한다.

세 번째는 주식 초보자들도 증권 계좌를 트면서 주식투자에 대한 관심이 가장 높아지는 시기다. 경기지표도 개선되고 주가도 연일 높아져 언론에 대서특필된다. 증시는 악재에 둔감해진다. 주변엔 강세론자들이 넘친다. 그러나 이때 주식에 잘못 투자했다간 상투 잡기 쉽다.

네 번째는 약세장 초입기다. 전문투자자들은 주가가 고점을 찍었다고 판단해 서서히 매도에 들어간다. 경기 지표는 아직까지 좋기 때문에 일반투자자들은 주가가 떨어지면 당황하기 시작한다. 중앙은행은 기준금리 인상을 검토하고 금리가 상승한다. 악재에 둔감해졌던 시장이 점점 악재를 의식하기 시작한다.

다섯 번째는 악재들이 하나둘씩 현실화되어 실제로 경제 지표나 기업 실적이 나빠지는 때다. 이 시기에는 경기둔화에 대한 우려가 커지고 주식을 팔려는 세력이 늘어나면서 주가가 폭락한다.

마지막은 침체기다. 주가 폭락세는 멈췄지만 상승 기미는 보이지 않고 거래량이 감소하면서 전형적인 약세장이 나타난다. 주식에 대한 투자 매력이 가장 떨어지는 시기다.

다우 이론에서 증시는 6가지 국면으로 강세장과 약세장이 반복된다. 이 기간이 얼마 주기로 반복될지는 경기 흐름과 기업 실적에 달려 있다.

그러나 실제 대세 상승기, 대세 하락기를 예측하는 것은 쉽지 않다. 그래서 증권시장에선 이런 얘기들이 오간다. 주변 사람 10명에게 '주가가 떨어질 것 같은지, 오를 것 같은지'를 물어보는 것이다. 10명 중 9명이 주가가 오를 것 같다고 답하면 주식을 팔아야할 때이고, 반대로 주가가 하락할 것 같다고 답하면 주식을 사야할 때라고 한다. 투자자 다수가 생각하는 것과 반대로 행동해야주식시장에선 돈을 벌 수 있다는 뜻에서 나온 얘기다.

### 박스권 하단에선 '매수', 상단에선 '매도'

증시가 흐름을 갖고 움직일 때도 있지만 일정 구간을 벗어나지 못하는 '박스권'에 갇혀 있을 때도 있었다. 2012년부터 2016년까지 무려 5년간 코스피 지수는 1800~2200선 사이에서만 움직였다. 박스권 학습 효과에 익숙해진 투자자들은 코스피 지수가 1800선까지 내려왔을 때는 '주식 매수'를, 2200선까지 올라서면 '주식 매도'를 했다.

2008년 글로벌 금융위기 이후 구조적 저성장이 가시화되었다. 경제성장률은 2010년 6.8%에서 2011년 3.7%로 떨어지더니 그 뒤론 잘해야 3% 초반에 불과했다. 기업 실적은 코스피 상장회사 기준으로 2011년부터 2016년까지 80조원 안팎에서 정체되었다. 코스피 지수 역시 이를 반영해 박스권에 머물렀다. 그러다 반도체 업황이 최대 호황기를 맞으면서 삼성전자를 중심으로 2017년 순이익 100조원을 사상 처음으로 돌파하면서 증시도 박스권을 탈출했다. 2025년에 들어서는 인공지능(AI) 붐이 크게 일면서 고대역폭메모리(HBM) 수요가 폭증, 이전과는 비교도 되지 않는 반도체 호황이 왔다. SK하이닉스는 2025년 3분기 영업이익이 처음으로 10조원을 돌파하고, 주가 역시 60만원을 터치하기도 했다. 삼성전자도 같은 이유로 '10만전자'를 달성했다.

그러나 기뻐할 수만은 없었다. 이 당시 삼성전자, SK하이닉스 등 반도체 회사만 이익이 늘어났을 뿐 두 회사를 제외하면 나머지 회사들은 이익이 오히려 감소했기 때문이다. 반도체 업황이 꺼지면서 증시는 다시 박스권 장세로 돌아갔다.

박스권 장세는 지루하고 재미없어 우리나라 증시 자체에 대한 투자 매력을 떨어뜨린다. 경제 또한 활력이 떨어지고 기업 실적도 정체된다는 의미이기 때문에 결코 긍정적이지 않다.

# 상법이 개정된다는데
# 주가가 왜 오르나요?

2025년 6월, 이재명 대통령이 취임한 이후에 코스피지수는 우상향을 지속해 2025년 연말에 역대 처음으로 4000선을 넘겼다. 인공지능(AI) 붐으로 시가총액이 큰 반도체 주식이 급등한 것도 영향을 미쳤지만, 오랫동안 상장기업의 주가 약세 요인으로 평가되던 거버넌스가 개선되는 등 '코리아 디스카운트'가 완화될 수도 있다는 기대감도 있었기 때문이다.

그 기대감의 배경엔 상법 개정안이 있다. 이재명 대통령은 후보시절부터 '코스피 5000'을 외치며 상법 개정에 강하게 드라이브를 걸었다. 도대체 상법 개정안의 구체적 내용은 무엇이고 왜 주가 상승에 영향을 미치는 것일까?

상법은 회사를 위한 일종의 헌법이다. 이 법 안에는 회사의 구조, 경영진의 역할, 주주의 권리, 주주총회를 어떻게 여는지와 같은 세부적인 규칙들이 들어 있다. 그동안 한국의 상법은 대주주에게 지나치게 유리하다는 지적이 많았다. 특히 2021년 많은 투자자들이 투자하고 있던 LG화학이 물적분할로 LG에너지솔루션을 상장시킨 뒤 주가가 폭락하면서 현행 상법에 대해 문제의식이 더 커졌다. 이사회의 결정으로 인해 회사에는 피해가 없었지만 주가가 폭락해 주주들이 피해를 봤기 때문이다.

이에 이재명 정부는 상법 개정을 통해 '회사와 주주 사이의 관계를 더 공정하게 만들자'고 나섰다. 2025년 11월 기준으로 정부여당은 1·2차 상법 개정안을 통과시켰고, 3차 상법 개정안을 통과시키려고 하고 있다.

먼저 1차 상법 개정안은 이사의 충실 의무 대상을 회사에서 주주로까지 확대하는 것이 주요 골자로, 전자 주주총회 의무화와 사외이사 명칭을 독립이사로 변경하는 안까지 담겼다. 먼저 이사의 충실 의무 대상을 주주로까지 확대하는 것은 회사의 이사와 경영진이 '대주주만을 위한 결정'을 하지 못하도록 막기 위한 내용이다. 법안에는 "이사는 회사 전체와 모든 주주를 위해 충실하게 직무를 수행해야 한다"는 문장이 들어갔다. 과거에는 이사가 선량한 관리자의 주의로 회사를 위해 직무를 수행해야 한다고 되어 있어 회사에만 충실하면 되었지만, 이제는 대주주 한 사람만을 위한 결정을 하면 법적으로 문제가 될 수 있는 셈이다.

1차 상법 개정안엔 주주총회를 온라인으로 열 수 있도록 하는 법적 근

거도 마련되었다. 이렇게 되면 외국 투자자나 소액주주들도 더 쉽게 회의에 참여해 의견을 낼 수 있게 된다. '사외이사'의 명칭을 '독립이사'로 바꾸면서 회사 경영진이나 지배주주로부터 진짜로 독립된 인사를 이사회에 더 많이 두겠다는 제도적 신호를 주기도 했다. 사실상 사외이사가 경영진의 거수기 역할밖에 하지 못한다는 지적을 받아들여, 보다 더 독립적이게 일을 수행할 수 있도록 만든 것이다.

## ✏️ 주주에게 실질적 권한을 주는 2차 상법 개정안

1차 상법 개정안이 총론적인 성격을 지녔다면, 2차 상법 개정안은 주주에게 보다 실질적인 권한을 쥐어주는 데 초점이 맞춰져 있다. 집중투표제 의무화와 감사위원 분리선출 확대가 그것이다. 일반주주의 의사가 이사회에 더 반영될 수 있도록 실질적인 장치를 마련한 것이라고 볼 수 있다.

집중투표제란 주주가 주주총회에서 선임할 이사의 수와 동일한 의결권을 행사할 수 있게 만든 제도다. 과거엔 한 명의 이사를 뽑을 때마다 주주 한 명당 1주=1표를 행사하고, 각 후보별로 따로따로 투표했다. 이는 대주주에게 유리한 방식이었다. 60%의 지분을 가진 주주가 있다면 모든 투표에서 그 사람이 원하는 후보가 당선되기 때문이다. 그러나 집중투표제를 도입하면 보유한 주식 수와 선임할 이사의 수만큼 표를 갖게 되고 이를 한사람한테 몰아줄 수 있어 소액주주의 결정권이 강화된다. 예를 들어 주주 A가 100주를 가지고 있고, 이사 3명을 뽑는다고 하면 A는 300표를 갖게 되고, 이를 한 사람에게 몰아줄 수도, 2명에게 150표씩 나눠줄 수도 있게 된다. 즉 소액주주들이 한 이사를 밀어주겠다고 표를 몰아주면 당선되기 쉬워지는 구조가 되는 셈이다. 이에 따라 오는 2027년 정기 주주총회부터는 자산 2조원 이상의 상장사는 집중투표제를 의무 시행해야 한다. 기존에는 정관에 관련 조항을 둬서 집중투표제 적용을 막을 수 있었지만, 이번 상법 개정으로 대규모 상장회사의 선택지가 사라지게 되었다.

한편 함께 도입된 감사위원 분리선출은 이사를 뽑을 때, 감사위원이 될 이사는 다른 이사들과 따로(분리해서) 뽑는 제도다. 이때는 대주주가 가진 표를 마음대로 다 쓰지 못하게 의결권을 3%로 묶는(3% 룰) 규칙을 함께 적용한다. 소수주주·기관투자자 표가 모이면 감사위원 2명 이상을 충분히 선임할 수 있어 독립성을 강화할 수 있게 되는 것이다. 또 만약 경영권 분쟁이 벌어지면 감사위원 분리선출+3% 룰은 판세를 바꾸는 제도적 변수가 될 수 있다.

### ✏️ '더 센 상법'도 온다

이재명 정부는 자사주 소각 의무화를 골자로 하는 3차 상법 개정안, 즉 '더 센 상법'을 추진하고 있다(2025년 11월 기준). 기업이 자사주를 소각하면 시장에서 유통되는 주식 수가 줄고, 이에 따라 주당이익이 높아지면 주주가치가 제고된다. 기업이 자사주를 통해 지배주주의 지배력을 강화하려는 시도를 저지하려는 취지의 장치도 3차 개정에 담길 예정이다.

이렇듯 상법 개정안이 개정되면서 이사회가 취해야 할 책임의 폭도 점점 넓어지고 있고, 경영 판단에 대한 주주대표소송의 문턱도 낮아질 가능성이 높아진다. 주주권이 강화하면서 기업가치가 개선되고 주가가 상승할 가능성이 높아진다는 이야기가 나오는 배경이다. 실제로 상법이 통과되면서 소액주주가 갖는 실익이 커질 여지가 있는 기업들의 매수세가 강화되는 움직임이 감지되었고, 주가 상승으로 이어지기도 했다.

일례로 지주사가 대표적이다. 여러 계열사를 거느리고 있는 지주사는 구조가 복잡했고 그만큼 지배구조 리스크가 컸다. 그러나 상법이 개정되면서 그 리스크를 줄일 수 있다는 기대가 반영되었다. 이에 더해 자사주 보유가 많고 저평가 매력까지 높은 기업들이라면 주가 상승률이 특히 더 컸다.

다만 일각에선 주주들의 권한을 확대하면서 경영권 분쟁 등 소송 리스크를 확대시킨다는 주장도 나온다. 미국에서도 2000년대 이후 '주주 행동주의(activist investor)'가 급증하면서, 단기 이익 중심의 압박이 장기 투자를 방해한 경우가 많았다는 것이다. 또 소수주주 권한을 넓히는 대신 대주주의 권한이 제약되면서 기업의 신속한 의사결정을 막을 수 있다는 우려도 나온다. 대주주의 영향력이 지나치게 제한되면, 경영진이 결정을 내릴 때마다 '혹시 소송이 걸리지 않을까?' '이게 주주 전체 이익에 부합한다고 입증할 수 있을까?' 하며 두려움에 보수적으로 변할 가능성이 크다는 얘기다.

따라서 앞으론 주주민주주의와 경영자율성 사이의 균형을 적절히 잡아가는 것이 필요하다는 주장도 나온다. 상법 개정안이 당장 주주들의 권한을 확대하면서 무조건적으로 주가가 오를 것이라고 기대하는 것보다는, 중장기적인 시각에서 균형추를 잡을 필요도 있다는 것이다. 주가는 결국 시장이 기업을 얼마나 믿느냐의 문제인 만큼 향후 방향성을 유의 깊게 살펴볼 필요가 있겠다.

주식차트를 처음 열어본 나. 빨간색과 파랑색의 봉, 봉 위아래로 길게 뻗은 꼬리, 그리고 그 근처를 지나가는 기다란 색색깔의 선이 눈을 사로잡는다. 누군가는 이 차트만 잘 봐도 주식으로 돈을 벌 수 있다는데 정말일까? 차트는 과거 주가가 어땠는지, 투자자들은 어떤 매매 패턴을 보이고 있는지 등을 분석하고 예측해주는 수단이 될 수 있으니 잘 활용하는 게 좋다. 빠르게 치고 빠지는 단기투자를 고민한다면 차트 분석은 기본 중에 기본!

5장

차트가
언제 사고팔지를
알려준다고요?

# 정말 기술적 분석이
# 필요한가요?

서울에서 부산을 간다고 하자. 경부고속도로를 타야 할까? 길이 막힌다면 좀 멀리 돌아가더라도 국도가 낫지 않을까? 실시간으로 교통 정보를 받아 알려주는 인기 내비게이션 앱을 활용해보자. 그 앱은 경부고속도로로 가라고 안내할 것이다. 운전자는 앱이 알려준 대로 경부고속도로를 탈까?

그런데 생각을 해보자. 인기 앱이라서 서울에서 부산으로 가는 운전자는 대부분 경부고속도로를 이용할 것이다. 그러다 보면 고속도로가 막힌다. 명절, 휴가철마다 내비게이션 앱이 안내한 대로 갔다가 망한 경험까지 있다면 아마 이 운전자는 앱이 알려준 고속도로 대신 국도를 탈 확률이 높다. 서울에서 부산까지 간다는 목적지는 같다. 그러나 그 목적지로 가는 길은 제각각이다.

주식 역시 마찬가지다. 경기가 회복되고 A기업의 실적이 좋아져 주가가 많이 오를 것 같다는 생각이 든다. 그렇다면 A주식을 언제 사야 할까? 반대로 A주식을 팔고 싶다. 언제 팔아야 가장 많은 이익을 얻을 수 있을까?

## 기술적 분석이란 무엇인가?

앞으로의 경기나 기업 실적이 어떻게 될 것인지를 예측해 주식을 매매할 수도 있지만 과거 주가가 어땠는지, 투자자들은 어떤 매매 패턴을 보이고 있는지 등을 분석하고 예측해 주식을 매매할 수도 있다. 전자를 기본적 분석이라고 하고, 후자를 기술적 분석이라고 한다.

기본적 분석이 매매할 종목을 선택하는 데 유용하다면 기술적 분석은 해당 종목을 언제 살지, 언제 팔지를 정하는 데 좀더 유용하다.

기술적 분석만 따져서 주식을 매매하는 경우도 많은데 이는 단기투자에 그쳐야 한다. 기술적 분석만 따질 경우 잘못하다간 조만간 상장폐지 될 종목에 투자할 수도 있기 때문이다.

기술적 분석은 쉽게 말하면 과거 주가의 움직임과 거래량 등을 그림으로 나타내고, 그 그림을 통해 매매 타이밍을 예측하는 것을 말한다. 하루, 일주일, 월 단위의 주가 흐름을 막대기로 표현하면 '봉'차트가 되고, 주가가 일정 기간 어떻게 움직였는지 평균을 내고 그것을 선으로 이으면 '이동평균선'이 된다.

주가 흐름을 보고 주가가 어느 정도 선까지만 오르고 더는 못 오르겠다고 판단할 수도 있고, 이 선까지는 안 떨어질 거라고 생각할 수도 있다. 거래량이 갑자기 늘어났다면 매수 신호, 줄어들었다면 매도 신호로 읽힐 수 있다.

A주가가 상장 이후 사상 최고치를 기록했다. 이 경우 투자자들은 두 가지 생각을 하게 된다. '너무 올랐는데… 곧 떨어지겠어' '계속 오르겠는데… 지금이라도 사야 하나?' 홀짝 게임처럼 절반의 확률이라고 생각할 수 있지만 과거의 주가 흐름, 매매 패턴을 분석해보면 어느 한 쪽의 확률이 좀더 높다는 것을 경험적으로 알 수 있다.

주가가 계속 하락해왔는데 갑자기 봉차트에서 '망치[종가가 시가보다 높으면서 꼬리(저가)가 길게 형성된 모양]'가 나타난다면 투자자들은 오랜 경험에 의해 '주가 하락이 곧 멈추겠다'고 생각할 것이다.

또한 주가가 이동평균선에서 너무 벗어나 올라와 있다면 조만간 이동평균선으로 돌아갈 것이라고 예측할 수 있다. 주가가 저항선을 넘겨 상승한다면 당분간 추가 상승이 이어지겠다고 판단할 수 있다. 다만 이는 과거 경험상 그럴 확률이 높다는 것일 뿐, 반드시 정답은 아니다.

## 매매타이밍은 기술적 분석으로

주식시장은 다양한 사람들이 모여 있는 집합체이기 때문에 본질가치가 1만원짜리인 주식이 반드시 1만원에 거래되진 않는다. 어떤 사람은 그 주식을 8천원이라고 생각하고 또 다른 사람은 1만 2천원이라고 생각한다. 이런 갖가지 생각이 모여 주가가 매일 변동한다.

A기업의 실적이 앞으로 좋아질 것이라고 예상하는 사람들이 전체의 90%라고 가정해보자. 그렇다면 A기업의 주가는 계속 올라야 할 텐데 실상은 그렇지 않다. A기업의 주가가 1년 뒤 2배 올랐다고 해도 그 과정에선 수많은 상승과 하락을 반복한다. 1년간 기술적 분석에 의한 상승과 하락 신호를 반복하며 주가가 지지선을 형성하고, 저항선을 뚫고 다시 지지선을 형성했다가 저항선을 뚫는 과정을 반복한다.

기술적 분석에 의하면 주가가 떨어졌어야 하는 종목이 있는데 그 종목의 주가가 계속 오른다면 사람들의 심리는 상승쪽으로 무게가 실릴 것이고, 주가가 상승할 줄 알았는데 너무 폭락한다면 하락쪽에 더 무게가 실릴 수 있다. 거꾸로 '사야 할 타이밍'이라고 생각할 수도 있다. 주가는 이런 과정을 반복하면서 하나의 추세선을 형성한다. 이 추세선은 그 주가의 역사가 된다.

기술적 분석은, 역사는 늘 반복되고 경기가 좋아졌다 나빠졌다 하는 것처럼 주가도 그렇게 반복될 것이라는 믿음에서 비롯된 것이다. 그러나 실제 그런가. 그럴 수도 있고 아닐 수도 있다. 역사는 반복되기도 하지만 경제, 사회는 계속해서 변하고 새로운 역사를 써내려 간다.

한때 자동차, 휴대폰이 수출품 1위였고 관련 업체 주가가 올랐으나 이제는 인공지능(AI), 반도체 등 4차 산업혁명 관련주가 미래를 먹여 살릴 업종으로 떠오르고 있다. 그래서 과거 경험에 의한 미래 예측은 망망대해 같은 주식시장에 안도감을 주지만 동시에 불확실하다.

비가 오면 허리가 쑤시는 엄마는 오늘 허리가 쑤시면 내일 비가 올 것이라고 예측한다. 실제로 내일 비가 내릴 수도 있다. 그러나 엄마의 허리에 큰 질병이 생겨 툭하면 허리가 아픈 것일 수도 있다. 세상은 늘 변하기에 변화에 걸맞게 예측하고 판단하기 위해선 과거에만 머물러 있어서는 안 된다.

# 봉차트가
# 뭔가요?

'주식' 하면 가장 먼저 떠오르는 그림이 바로 봉차트(캔들차트)다. 촛불 모양으로 생긴 빨갛고 파란 봉차트가 시계열에 따라 끊임없이 이어지는 모습. 이 봉차트가 모이면 주식이 오르내리는 추세를 보여주기도 하지만, 자세히 보면 하나하나의 봉차트에 주식시장의 1분 1초가 고스란히 기록되어 있는 것을 알 수 있다.

## 양봉과 음봉이란 무엇인가?

봉의 시작점은 장이 처음 열렸을 때 형성된 가격, 즉 시가다. 그리고 봉의 끝점은 그날 장에서 마지막으로 형성된 가격, 즉 종

■ 봉차트 구조

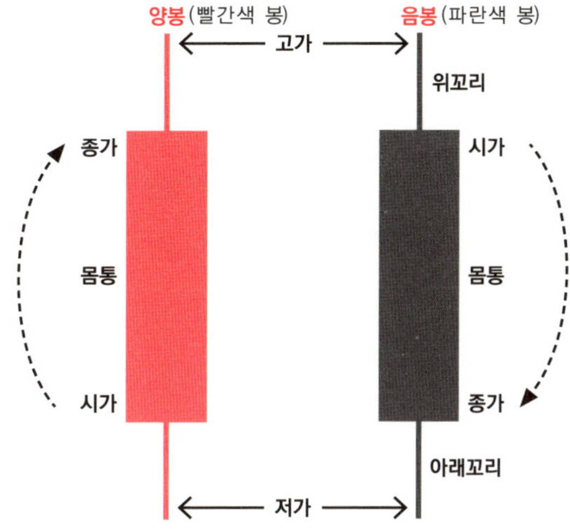


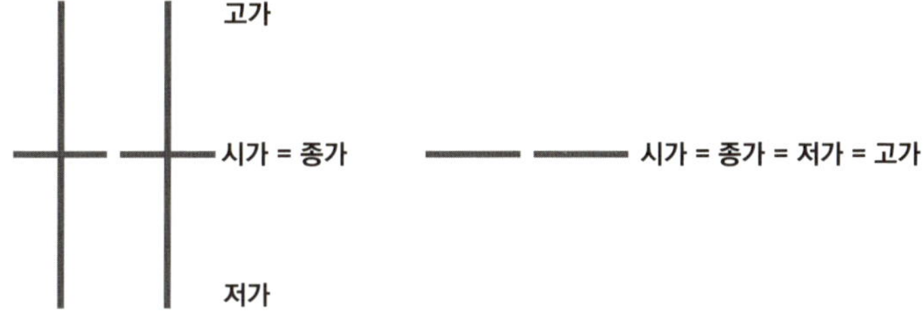


가가 된다. 시가보다 종가가 높게 마감하는 경우는 봉이 빨갛게 위로 솟은 양봉의 형태가 되고, 반대로 낮게 마감하는 경우는 봉이 파랗게 밑으로 내려가 음봉의 형태가 된다. 매분 매초 형성되는 주가에 따라 봉의 끝점이 아래위로 오가며 양봉과 음봉을 만들다가, 종가가 시가보다 높으면 양봉으로 끝나는 식이다.

봉차트만 봐도 하루 중 가격 변동을 알 수 있는 데다, 오늘 주가가 상승으로 끝났는지 하락으로 끝났는지도 파악할 수 있다. 그날 매수세가 꾸준히 들어왔다면 시가보다 종가가 훨씬 높을 것이기 때문에 높은 양봉, 매도세가 꾸준히 나왔다면 시가보다 종가가 훨씬 낮을 것이기 때문에 기다란 음봉이 내려온다.

장대양봉이면 그날의 매수심리가 장을 주도했다는 것을 보여주는 것이고, 장대음봉이면 매도심리가 종목을 지배했다는 것을 보여주는 셈이다.

### 꼬리가 말해주는 투자심리

봉 끝에 톡 튀어나온 꼬리는 그날의 투자심리를 보여준다. 예컨대 위꼬리가 나왔다는 것은 장이 열린 뒤 해당 종목을 긍정적으로 본 투자자들이 밀물처럼 매수했다가, 생각보다 좋지 않았음을 직감한 투자자들이 늘어나 매수세가 빠졌을 때 나오는 신호다. 즉 위꼬리가 길수록 장중 실망감이 크게 퍼졌단 얘기가 된다. 장 초반엔 호재에 크게 반응하며 시가가 높게 형성되었으나 시간이 지날수록 주가가 낮아졌을 때 나오는 그림이다.

한편 아래꼬리가 길게 나왔다는 것은 그날 장중에 해당 종목을 안 좋게 보고 주식을 내다 판 사람이 그만큼 많았다는 것을 시사한다. 다만 아래꼬리가 길게 빠졌는데도 불구하고 양봉으로 끝난, 일명 '망치형'의 경우엔 장중에 매수세가 유입되며 주가가 플

러스로 마감했다는 뜻으로, 반등을 예상하는 투자자가 그만큼 많
단 얘기가 된다.

꼬리가 아래위로 긴 경우엔 그날 주가가 어떠한 이유 때문에
큰 폭으로 오르내렸다는 변동성을 시사한다.

한편 꼬리만 길고 봉이 나타나지 않는 십자형 도지가 나타날
수도 있다. 이 경우는 이날 시가와 종가는 같은데 하루 종일 주가
가 아래 위로 오갔다는 얘기가 된다. 고로 매수세와 매도세가 균
형을 이룰 때 주로 등장한다.

꼬리도 없는데 일자형 도지만 나타났다면 시가와 종가, 저가
와 고가가 모두 같은 걸 의미한다. 빨간 일자형 도지는 보통 '쩜상'
이라고 부르는 시가부터 종가까지 내내 상한가를 치는 경우, 파란
일자형 도지는 '쩜하'라고 부르는 내내 하한가를 치는 경우에 나
타난다.

### 봉차트가 시사하는 매수와 매도의 적기

먼저 양봉을 보자. 만약 주가가 바닥을 기다가 긴 양봉이 나왔
다면 바닥을 탈출할 수 있다는 신호로 받아들여진다. 그만큼 강한
매수세가 들어온 것이니 말이다. 다만 위로 꼬리가 달린 양봉이라
면 고가에 매도하려는 세력이 있다는 뜻이니 주의가 필요하다. 특
히 주가가 최근 큰 폭으로 올랐다면 반락의 신호로 받아들여지기
도 한다.

반면 아래로 꼬리가 달린 양봉(망치형 양봉)이라면 저가에 매수하려는 세력이 있다고 받아들여진다. 단 최근 주가가 계속 하락추세에 있었다면 망치형 양봉을 탈출의 기회로 삼는 게 좋다.

다음은 음봉이다. 주가가 천정권에 있다가 긴 음봉이 나왔으면 하락 전환의 신호이므로 매도하는 게 좋다. 한편 위로 꼬리가 달린 음봉의 경우 고가에 매도세력이 존재한다는 뜻인데, 바닥권에선 상승전환에 실패했다고 보면 되고 천정권에선 주가가 떨어지는 시그널로 보면 된다. 또 밑으로 꼬리가 달린 음봉이라면 저가에 강력한 매수세력이 존재한다는 의미로 바닥권이라면 매수를 검토해 보는 것도 좋다.

양봉, 음봉 관계없이 꼬리가 위아래로 난 경우라면 아직 상승·하락세가 정해지지 않았다는 것을 의미한다. 따라서 추세가 어떻게 결정되는지를 바라보다가 합류하는 것이 낫다.

물론 봉차트는 매수·매도세를 보여주는 하나의 지표에 불과하므로 정답이라고 보기 어렵다. 따라서 이를 전적으로 믿기보단 여러 제반상황을 고려해서 매매하는 것이 좋다.

# 이동평균선으로 매매 시점을
# 알 수 있다고요?

'A학교, B학교 중 어느 학교가 공부를 더 잘해?'라고 묻는 다면 무엇을 기준으로 답해야 할까? 어느 학교가 서울대를 많이 보냈는지가 기준점이 될 수도 있지만 보통은 학생들의 평균 점수가 얼마인지를 따질 것이다.

평균 점수가 높다면 그 학교에선 웬만큼 공부해선 공부 잘한다는 소리를 듣기 어려울 것이다. 반면에 평균 점수가 낮다면 조금만 공부해도 상위권을 차지할 수 있을 것이다.

평균은 그 학교 학생들의 수준을 가리키는 지표가 될 수 있다. 학생들의 평균 점수가 70점 수준이었는데 이번 중간고사에선 80점으로 올라갔다면 학생들이 공부를 특별히 열심히 해서 올라갔다기보다 '시험 문제가 쉬웠구나'라고 생각하는 것이 합리적일 것이다. 그러니 다음번에 시험이 조금만 어려워지면 다시 평균으로 회귀하게 되어 있다.

## 평균선으로 가늠하는 주가 수준

주식에도 평균이 있다. 일정 기간 동안의 주가를 평균한 후 이를 줄로 그은 '이동평균선'이란 게 있다.

일정 기간은 5일, 20일, 60일, 120일, 200일, 250일 등으로 나눠진다. 5일은 일주일간의 주가 평균치, 20일은 한 달, 60일은 3개월, 120일은 6개월, 250일은 1년간의 주가 평균치 흐름을 말한다. 5일, 20일은 단기 이동평균선이고, 60일은 중기, 120일 이상은 장기로 분류된다.

8월 3일(월) A주의 주가(종가)는 9천원, 4일 9,500원, 5일 9,300원, 6일 9,700원, 7일 1만원, 10일(월) 9,900원, 11일 9,600원이라고 하자. 5일 이동평균선은 9,500원, 9,680원, 9,700원을 이은 선이 된다.

9,500원은 3일부터 7일까지 종가 평균치, 9,680원은 4일부터 10일까지 종가 평균치, 9,700원은 5일부터 11일까지 종가 평균치다. 5일 이동평균선은 5거래일 주가(종가) 평균치를 연결한 것이다. 나머지 20일선, 60일선 등도 20거래일의 평균치, 60거래일의 평균치를 연결해 만들어진다.

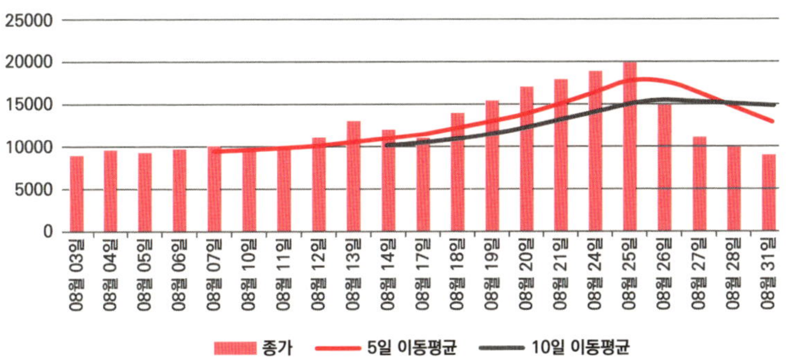


이동평균선은 현 주가가 평균선에 비해 위에 있는지, 아래에 있는지를 따져 주가가 고평가 혹은 저평가되었다고 판단하는 데 쓰인다. 이동평균선보다 주가가 멀리 떨어져 있다면 조만간 이동평균선으로 돌아올 것이란 '회귀 본능'을 전제로 분석하게 된다.

현 주가가 이동평균선보다 얼마나 떨어져 있는지를 나타내는 지표는 '이격도'라고 한다. 이격도는 현재 주가를 특정 이동평균선으로 나눈 후 100을 곱해 계산한다. 주로 20일선, 60일선이 사용된다. 이격도가 110%라는 것은 현재 주가가 이동평균선보다 10% 더 높게 상승했다는 것을 의미한다.

주가가 단기 급등할 경우 차익실현 등 매도 심리가 발생하고 주가가 조정을 받을 수 있는데 5일선 위에선 조정이 멈출 가능성이 높다. 반대로 주가가 단기 급락한 경우 5일선까진 오를 것이란 판단에 매수 심리가 증가할 수 있다.

120일선은 경기사이클과 유사하게 움직여 '경기선'이라고도 불린다. 120일선이 꺾이면 경기가 하락하고, 상승하면 경기가 개선될 것이라고 판단하는 것이다. 다만 경기침체기, 경기회복기가 길어지면 200일선이 경기선 역할을 할 수도 있다.

### 매매 시점은 어떻게 찾나?

이동평균선으로 주가 상승과 하락 신호를 파악할 수 있다. 단기 이동평균선이 중기, 장기 이동평균선을 위로 뚫고 올라서는 '골든크로스'가 발생할 경우 주식 매수 신호로 본다. 5일 이동평균선이 20일선을 지나 60일선, 120일선 등을 차례로 뚫고 상향 돌파할 경우를 말한다. 반대로 단기 이동평균선이 중기, 장기 이동평균선을 아래로 뚫고 내려가는 '데드크로스'도 있다. 이럴 경우엔 주식 매도 신호로 본다.

전형적으로 주가가 상승하는 장에선 가장 위에 5일선, 20일선, 60일선이 놓이고 가장 아래에 120일선, 200일선 등 장기 이동평균선이 놓여 있는 '정배열' 상태가 된다. 이동평균선이 위에서 아래까지 단기, 중기, 장기 순으로 놓인다는 것은 주가가 점점 올라갔다는 것을 의미하기 때문이다. 다만 이런 정배열 상태에서 단기 이동평균선이 더 이상 상승하지 못하고 흐름이 약해진다면 상승장이 마무리된다는 것을 뜻한다.

반대로 위에서 아래까지 200일선, 120일선, 60일선, 20일선, 5일선 등으로 장기, 중기, 단기 순으로 놓여 있다면, 이는 '역배열'

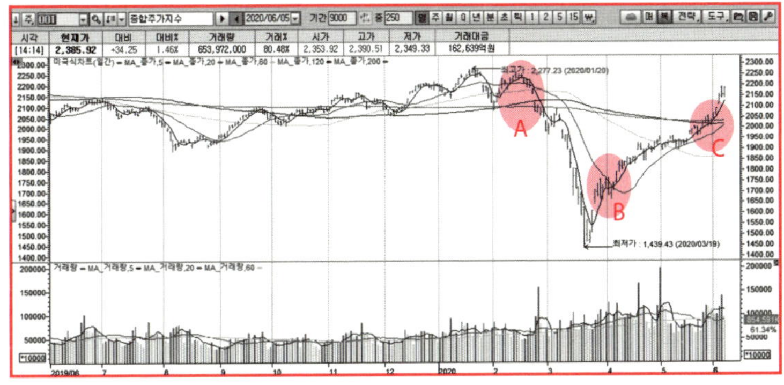

출처: 대신증권 HTS 화면 캡쳐

A 데드크로스 발생:5일선이 20일선, 60일선, 120일선,
　　200일선을 차례로 하향 돌파함, 단기간 하향
B 골든크로스 발생:5일선이 20일선 상향 돌파
C 골든크로스 발생:5일선이 120일선, 200일선 상향 돌파

로 주가가 계속해서 하락했다는 것을 의미해 전형적인 약세장을 보여준다. 마찬가지로 단기 이동평균선이 더 하락하지 않고 주춤한다면 약세장이 마무리되었다고 판단할 수 있다.

단기, 중기, 장기 이동평균선의 위치가 한 곳에 모여 있을 때도 있다. 이는 오랜 기간 주가에 큰 변동이 없었다는 것을 말한다. 투자자들에게 상당기간 관심을 받지 못했단 의미인데 향후 주가의 방향성을 예측하기 힘들어 쉽게 매매하기 어려운 단계로 판단된다. 이런 상황에서 갑자기 단기 이동평균선이 상승으로 방향을 튼다면 주가 상승 탄력이 높아질 수 있다.

다만 이동평균선의 골든크로스, 데드크로스만을 기준으로 매매 시점을 판단하는 것은 위험하다. 평균이란 것은 어디까지나 과

거의 수치이기 때문에 미래 지표로서의 역할을 하진 못한다. 골든 크로스, 데드크로스가 발생했다는 것은 이미 주가가 그만큼 움직였다는 얘기이기 때문에 이를 보고 주식을 매매하게 되면 한 발 늦은 투자가 될 수 있다.

상승장에서 조정을 거치면서 데드크로스가 발생할 수도 있고, 하락장에서 '데드캣바운스(Dead Cat Bounce, 죽은 고양이도 한 번은 뛰어오른다는 뜻으로 주가가 큰 폭의 하락 후 잠깐 반등하는 현상)'로 골든크로스가 발생할 수도 있다.

주가가 이동평균선에서 얼마나 멀어져 있는지를 보여주는 이격도 역시 상승장, 약세장에선 통하지 않는다. 주가 흐름이 크게 변할 경우 이격도는 더 벌어지게 되고, 그게 고착화하면 이동평균선이 후행적으로 움직이면서 간격을 좁힐 수 있기 때문이다.

경기 흐름이나 기업가치에 큰 변화가 없는 상태에서 주가가 장기 박스권을 형성할 때나 유효하게 적용할 수 있다.

# 주식시장의 추세,
# 뭘 보고 판단하나요?

갑자기 바닷가에 오게 되었다. 발만 살짝 담그고 싶어 신발을 벗고 모래사장 위를 조심스럽게 걸어간다. 처음 온 바닷가라도 어디쯤 서 있어야 바닷물에 발만 적시게 될지, 아니면 옷이 홀라당 젖어 버리게 될지 알 수 있다. 모래가 바닷물에 얼마나 젖어 있는지를 보면 되기 때문이다.

발만 담그려고 했는데 파도가 세서 바닷물이 종아리 위까지 올라와 옷까지 젖게 되는 낭패를 볼 때도 있다. 바닷물이 모래사장 위를 지나가면서 일정한 선을 만들고, 때론 그 선이 강한 파도에 의해 쓸려나가고 다시 새로운 선이 만들어지기를 반복한다.

주식시장도 이런 선이 있다. 주가는 일정 범위 내에서 움직이려는 성질이 있다. 이런 주가 흐름을 이어 줄로 그은 것을 추세선이라고 한다. 주가가 꾸준히 올라가면 상향추세선이 생기고 주가가 계속 하락하면 하향추세선이 생긴다. 그러다 어느 순간 주가가 일정선 내에서 움직이게 된다.

주가가 일정 선까지만 떨어지고 그 선에 도달할 경우 더이상 하락하지 않게 되는 선을 '지지선'이라고 한다. 반대로 주가가 일정 선까지만 오르고 그 이상 오르지 못하는 선을 '저항선'이라고 한다. 흔히 주가의 의미 있는 저점들을 연결한 선을 지지선, 반대로 고점들을 연결한 선을 저항선이라고 한다.

### 지지선과 저항선의 의미는?

지지선과 저항선은 왜 만들어지는 것일까? 이는 주식 매도의 힘이 센지, 매수의 힘이 센지를 보여주는 잣대다. 주가가 계속 하락하다가 특정 가격대에서 더이상 떨어지지 않는다는 것은 그 가격대에서 주가가 싸다고 느껴 주식을 사고자 하는 투자자들이 많다는 것을 의미한다. 그러면 주가는 더이상 하락하지 못한다. 그 가격대가 지지선이 되는 것이다.

반대로 주가가 계속 오르다가 특정 가격대에서 더이상 오르지 못한다는 것은 '이만큼 올랐는데 이제 팔까'라고 생각하는 투자자들이 많아 매도 세력이 더 커진다는 것을 뜻한다. 그러면 주가는 더이상 오르지 못한다. 그 가격대가 저항선이 된다.

그래서 지지선은 이론적으로 저점을 이은 선, 저항선은 고점을 이은 선이라고 하지만 언제든 달라질 수 있다. 이동평균선이 지지선과 저항선의 역할을 하기도 한다.

주가가 상승하는 장에선 이동평균선이 위에서부터 단기, 중기, 장기선으로 정배열 상태를 보이는데 5일 이동평균선이 더이상 오르지 못하고 5일선 아래로 뚫고 내려가는 경우가 생긴다. 이럴 경우 20일선이 지지선이 된다. 그런데 20일선마저 뚫리면 60일선이 지지선, 60일선이 뚫리면 120일선이 지지선이 되는 식이다.

반대로 약세장에선 이동평균선이 위에서부터 장기, 중기, 단기선으로 역배열되어 있는데 주가가 5일 이동평균선을 뚫고 올라설 경우엔 20일선이 저항선, 20일선을 상향 돌파했다면 60일선이 저항선, 60일선이 뚫리면 120일선, 120일선이 뚫리면 200일선이 저항선 역할을 한다.

지지선과 저항선은 투자 심리와 관련이 높기 때문에 1만원, 2만원, 5만원, 10만원 등으로 가격의 단위와 자릿수가 바뀌는 가격대에서 형성될 가능성도 있다.

또는 주가가 단기 폭락 후 반등 과정에서 저항선이 생길 수도 있다. 주가가 3분의 1을 회복한 수준, 주가가 절반을 회복한 수준 등이 저항선이 될 수 있다. 주가 폭락 이후 주식을 매수한 투자자는 주가가 어느 정도 오를 경우 차익실현 욕구가 생기는데 그 지점에서 매도 물량이 나오면서 저항선이 형성될 수 있기 때문이다.

반대로 주가가 단기 상승 후 조정 과정에서 같은 원리로 지지선이
생기기도 한다.

## 지지선과 저항선이 주는 매매 신호

보통은 지지선에선 주가가 더이상 떨어지기 어렵다고 판단해
'매수'가 나오고, 저항선에선 주가가 더이상 오르기 어렵다고 판
단해 '매도'가 나올 수 있다. 다만 이는 주가가 장기간 박스권을 형
성했을 때 먹히는 투자 방식이다.

주가가 상승장, 하락장이라면 지지선, 저항선은 얼마든지 달
라질 수 있다. 갑자기 거래량이 증가하고 기업 실적에 대한 기대
치가 높아지면서 주가가 저항선을 뚫고 상승할 수 있다. 오랫동안
저항선으로 작용했던 선을 뚫어버린다면 당분간 상승 추세가 지
속된다고 보는데 이는 '매수' 신호다. 반대로 거래량이 줄고 기업
실적에 대한 기대가 하락하면서 주가가 지지선 아래로 하락할 수
있다. 지지선이 뚫려버린다면 당분간 하락 추세가 지속될 것이며,
이는 '매도' 신호다.

이렇게 지지선, 저항선이 뚫리면 기존의 지지선, 저항선은 그
역할이 달라진다. 저항선이 깨지면 기존 저항선은 지지선이 되고,
지지선이 뚫리면 기존 지지선은 저항선으로 작용할 수 있다.

아파트를 생각해보자. 지지선은 바닥이고 저항선은 천장이다.
아파트 2층에서 저항선인 천장이 뚫리면 이제 2층 천장은 3층의

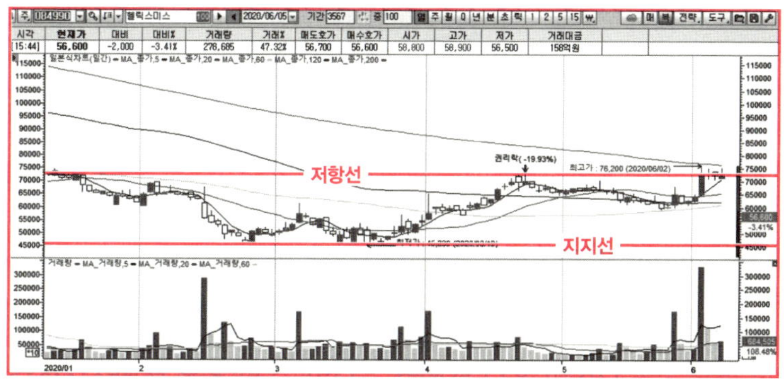



출처: 대신증권 HTS 화면 캡쳐

바닥이 되고, 3층 바닥은 지지선, 3층 천장은 저항선이 된다. 반대로 2층 바닥이 뚫리면 1층 바닥이 지지선이 되고, 2층 바닥(1층 천장)은 저항선이 된다. 이러한 지지선, 저항선은 그 길이가 길수록 탄탄하다. 길이가 긴 지지선, 저항선들은 돌파하기 어렵기 때문에, 한 번 깨진다는 것은 해당 주가가 재평가되어 투자자들의 기대치가 달라졌다는 것을 의미한다.

다만 주가가 장기 박스권을 보일 것인지, 지금이 상승장인지 하락장인지는 사후적으로 판단하기 때문에 주식을 거래할 당시에는 지지선, 저항선이 어디인지 정확하게 알기 어렵다.

# 거래량이 많으면
# 좋은 건가요?

주가가 오르기 위해 가장 중요한 것은 그 주식을 사려는 사람이 많아야 한다는 점이다. 아무리 실적을 잘 내고 스토리가 매력적인 주식이어도 주식을 사려는 사람이 없다면 주가는 오를 수가 없다.

그렇다면 주식을 사려는 사람이 많은지를 따져 보는 것이 무엇보다 중요할 것이다. 이 매수세가 드러나는 지표가 바로 거래량이다. 거래량을 주가의 선행지표로 보는 사람들이 많은 이유다.

특정 종목에 호재가 생기면 해당 종목의 주가가 오르기 전에 서둘러 그 종목을 매수해야 비교적 높은 수익률을 기대할 수 있기 때문에 자연스레 거래가 늘어나기 마련이다.

## 거래량이 는다고 해서 무조건 호재는 아니다

거래량은 그날 주식이 거래된 양을 뜻한다. 오늘 하루 동안 A 종목의 주식이 100주 거래되었다면 거래량은 100이다. 보통 거래량이 증가하면 주가가 상승하고, 거래량이 감소하면 주가도 하락한다고들 한다. 그러나 이는 반은 맞고 반은 틀린 얘기다. 해당 종목의 주가가 어떤 추세에 있느냐에 따라서 거래량이 주는 신호도 달라지기 때문이다.

만약 주가가 바닥을 기다가 어느 시점에 거래량이 대폭 증가한다면 앞으로 주가가 오를 수 있다는 긍정적인 신호로 받아들일 수 있다. 별안간 큰손이 들어와 주식을 매집했다는 뜻으로 주가상승에 대한 기대치가 높다고 해석할 수 있기 때문이다. 반면 주가가 이미 상당 수준 올라있는 상황에서 거래량이 증가하면 조만간 주가가 하락할 수 있다는 것을 예고한다고 본다. 차익매물이 쏟아지며 거래량이 증가한 경우가 많기 때문이다.

주가가 상승 추세를 이탈해 하락으로 전환한 상태에서 거래량이 많다면 추가 하락을 예상해야 한다. 이 때문에 주가의 오르내림과 거래량은 일정한 사이클을 탄다고도 본다. '거래량 바닥(주가 바닥) → 거래량 증가(주가 상승) → 거래량 폭증(주가 꼭지) → 거래량 감소(주가 하락) → 거래량 바닥(주가 바닥)'의 식이다.

한편 주가가 거래량이 대폭 증가하면서 한 번 크게 솟은 상황에서 기고 있을 때, 이전 거래량을 뛰어넘을 정도의 거래량이 나온다면 주가 역시 전고점을 돌파할 가능성이 높다고 해석할 수 있다. 따라서 거래가 급증하는 종목은 눈여겨보고 있는 게 유리하다. 반면 주가가 전저점까지 깨고 하락하는 와중에 거래량이 증가하는 경우는 매도 압력이 그만큼 크다는 것을 암시하기 때문에 강력한 매도 신호로 볼 수 있다.

### 거래량 많은 종목이 항상 우량하진 않다

거래량은 투자자의 관심도를 보여주는 지표지만, 거래량이 많다고 해서 꼭 우량한 종목이라고 볼 순 없다. 인기가 많은 종목이어도 거래량은 낮을 수 있기 때문이다.

한 주당 가격이 높은 주식의 경우가 그렇다. 예컨대 삼성전자는 액면분할 전 한 주당 가격이 260만원이나 되었던 탓에 쉽게 사고팔지 못했고, 일평균 거래량은 30만주 안팎을 오갔다. 그러나 액면분할 후 한 주당 가격이 4만~5만원대로 저렴해지자 거래량도 폭증했다.

### 초보라면 거래량 받쳐주는 종목을 사라

거래량이 일정 수준 이상 유지되는 주식이라면 그만큼 투자자의 관심을 많이 받는다는 의미로, 초보 투자자의 경우 거래량이 받쳐주는 주식에 투자하는 것이 좋다. 거래량이 지나치게 적을 경우 주식을 팔고 싶어도 사려는 사람이 없어 투자금이 묶이는 경우가 발생할 수 있기 때문이다.

또 거래량이 적은 종목의 경우 주가조작 세력들의 먹잇감이 될 가능성이 높아 주의가 필요하다. 거래량이 많은 주식은 호가가 촘촘하게 유지되어 있지만, 거래량이 적은 주식의 경우 호가가 크게 벌어져 있어 주식의 가격을 한번에 크게 띄우고 내리는 것이 가능하기 때문이다. 심지어 한 주당 가격이 낮은 종목이라면 적은 자금으로도 주가조작이 가능하기 때문에 주가조작 세력들의 선택을 받는 경우가 많다.

# 역대 코스피 지수 폭등과
# 폭락 사례는?

"여의도 증권가에서는 지나가는 강아지도 주둥이에 10만원짜리 수표를 물고 다닌다더만, 주식이 미쳐버렸어, 올라도 너무 올라버렸어."

2015년에 방영된 '응답하라 1988' 드라마에서 현직 은행원으로 나온 성동일 배우의 대사다. 코스피 지수가 1000을 넘어버렸다는 얘기를 하면서 나온 말이다. 이때 코스피 지수에 투자했더라면 어떻게 되었을까? 아마 10년 뒤쯤엔 통곡 소리가 나올 것이고, 이 시기를 좀더 버틴다고 해도 2000년대 중반까지도 후회를 할 것이 분명하다. 1988년 당시에 은행 예금금리가 연 17% 수준이었던 점을 고려하면 코스피 지수에 투자하는 것은 '바보 같은 일'이었을지 모른다.

1980년 1월 4일에 탄생한 코스피 지수는 45년이 넘은 역사를 갖고 있지만 코스피 지수의 디폴트 값은 '박스피'였다. 2025년 들어 코스피 지수가 드디어 4000선을 넘어서면서 빠른 상승장을 맞이했지만 장기 수익률을 기준으로 보면 코스피 지수의 성적은 그리 좋다고 볼 수 없다. 코스피 지수는 1988년부터 2025년에 이르기까지 약 40년이 안 되는 시점 동안 4배 오르는 데 그쳤다.

### ✏️ 외환위기 폭락과 반등

코스피 지수는 2000년대 이후로 2년 연속 하락한 적이 거의 없을 정도로 한 해에 하락하면 이듬해에 반등하는 식으로 상승과 하락장을 반복해왔다. 그러나 코스피 지수는 외환위기가 터지기 전인 1995년부터 1997년까지 3년 연속 내리 하락한다.

역사상 코스피 지수가 3년 연속 하락한 적이 없었다. 1995년에 코스피 지수는 1000을 넘어섰으나 외환위기를 겪으며 300선으로 무너진다. 3분의 1토막이 난 것이다. 기업들의 과잉 외화부채, 디폴트(채무 상환 불이행) 등이 섞이며 달러를 구하지 못해 해외에서 꾼 돈을 갚지 못하는 상황에 이르게 됨과 동시에, 들어왔던 외국인 자금도 썰물 빠지듯 빠져나가게 된 것이다.

1995년은 우리나라 경제성장률이 9%에 가까울 정도로 높은 성장을 했던 시기지만 코스피 지수가 14%가량 하락하며 경제 위기 신호음을 먼저 낸 것이라고 볼 수 있다. 1996년엔 그 징후가 좀더 뚜렷해졌다. 원화 강세, 반도체 수출 악화, 기업의 과도한 부채 의존도 등의 문제가 서서히 드러나면서 코스피 지수가 26% 하락하고 1997년에는 42%가량 더 떨어진다.

국제통화기금(IMF)의 구제금융을 받으며 강도 높은 구조조정을 거친 끝에 금융시장도 회복세를 찾는다. 1998년에 코스피 지수는 50% 가까운 수익률을 내며 반등의 신호를 보였다. 이듬해인 1999년에는 83% 급등하며 2년 연속 높은 수익률을 달성한다. 그러나 이것도 잠시다. 2000년에는 바로 닷컴버블이 터지게 된다. 우리나라는 이제 숨 좀 돌릴까 했는데 전 세계적으로 IT·인터넷 관련주가 일제히 폭락하게 된다. 외환위기 이후 외국인들에게 개방된 국내 주식시장에서도 외국인 자금이 더 빠르게 빠져나가게 된다.

### 2008년 글로벌 금융위기

2008년에 미국에서 촉발된 글로벌 금융위기로 코스피 지수는 41%가량 폭락하게 된다. 그 전에 코스피 지수는 2003년부터 2007년까지 5년 연속 상승하며 코스피 지수 2000시대를 맞이했다. 그야말로 IMF 외환위기 이후 대세 상승장이 나타난 것이다. 수출 회복, 외국인 매수세, 글로벌 유동성 확대까지 코스피 지수를 끌어올리는 변수들이 가득했던 때였다. 그러나 2008년 글로벌 금융위기가 그 모든 것을 앗아간다. 외환위기 때만큼은 아니지만 외국인 자금이 빠져나가면서 'Give me dollars(달러 주세요)'를 외치게 된다.

외환위기 때는 IMF의 문을 두드렸지만 이 당시엔 미국의 문을 두드려 '통화스와프'를 맺을 수 있을 만큼 경제력이 상승하게 된다. 달러 갑옷을

입은 외환시장이 안정되자 코스피 지수는 이듬해인 2009년 50%, 2010년 22%의 수익률을 내며 2007년에 맛봤던 2000선을 회복하게 된다. 그러나 그 뒤 코스피 지수는 2010년 중반까지도 2000선 안팎을 오가는 박스권에 머문다.

### ✎ 코로나 위기와 회복

증시에도 반전이 왔다. 2020년 신종 코로나 바이러스는 위기이자 눈에 보이는 기회였다. 많은 투자자들이 알게 되었다. 외환위기, 글로벌 금융위기를 거치며 폭락했던 코스피 지수가 얼마 가지 않아 다시 제자리를 찾는다는 것을 말이다.

2020년 3월, 세계보건기구(WHO)가 코로나 팬데믹을 선언하자 그 달에만 코스피 지수가 장중 27%가량 급락한다. 미국이 또다시 통화스와프라는 동아줄을 내려주면서 코스피 지수는 무섭게 반등하며 치고 올라간다. 실물 경제는 시름시름 앓았지만 연방준비제도(Fed·연준) 등 전 세계 중앙은행이 풀어대는 달러화 등 유동성의 힘으로 코스피 지수 등 전 세계 증시가 빠르게 회복되었다. 그로 인해 결과적으로 코스피 지수는 2020년 31% 수익률을 냈다.

그러나 너무 많이 풀린 유동성, 코로나가 만든 물류 대란, 러시아와 우크라이나 전쟁 등이 만들어낸 고물가에 대응해 중앙은행들은 기준금리를 빠른 속도로 올려댄다. 미국과 한국의 기준금리 인상 속도가 빨라졌던 2022년, 코스피 지수는 25%가량 급락한다.

2024년엔 미국이 또다시 기준금리를 내리기 시작하면서 전 세계적으로 증시가 반등했던 해였다. 그러나 우리나라는 달랐다. 미국의 유동성 공급 햇살이 코스피 지수에는 비치지 않았다. 2024년에 주요국의 증시가 20~30%가량 올랐으나 코스피 지수는 약 10% 하락했다. 반도체 업황도 그다지 좋지 않았고 도널드 트럼프 대통령이 또다시 당선되면서 관세 분쟁이 붙을 것이 뻔했다. 이에 대응할 정치적 힘도 없었다. 윤석열 전 대통령의 비상계엄, 탄핵, 새 대통령의 선출 등의 각종 정치적 불확실성이 외국인 자금의 이탈을 불렀다.

2025년은 이 모든 것들이 반전이 되는 해였다. 정치적 불확실성이 해소되고 반도체 업황이 개선되고 엄청난 유동성까지 뒷받침되었다. 전년도 하락했던 설움을 모조리 씻어내는 듯 손꼽을 만한 폭등장을 맞았다. 2025년 코스피 지수는 70% 넘게 급등했는데 외환위기를 극복해가던 1999년 83% 오른 이후 가장 큰 폭으로 급등한 것이다. 주요국 증시가 20%대 상승률을 보이고 있다는 것과 비교해도 엄청난 폭등장세다.

코스피 지수가 이 정도 오를 만큼 구조적인 개선이 있었는지에 대해서는 의견이 분분하다. 코스피 지수의 3분의 1을 차지하는 삼성전자, SK하이닉스가 속한 반도체 업황이 인공지능(AI) 수요로 인해 엄청난 호황을 맞았다는 사실, 전 세계적으로 엄청난 유동성이 금융시장을 지배한다는 사실, 이 두 가지만 분명하게 말할 수 있을 뿐이다.

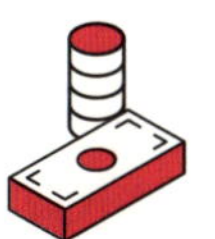

주식시장에서 사고팔 수 있는 건 비단 상장사의 종목만이 아니다. 한 종목에 투자하기 두렵다면 여러 종목을 한꺼번에 사는 방법도 있다. 주식시장을 통해 부동산에 투자하는 것도 가능하다. 한편 주가가 오를지 말지에 베팅해 수익을 내는 상품들도 있다. 각 상품들은 어떤 성격을 갖고 있고, 또 어떤 점에 주의해야 좋을까? 6장에선 주식시장을 통해 거래할 수 있는 여러 가지 상품들을 소개한다.

6장

주식인 듯
주식 아닌
주식 같은 상품들

# '종목은 망해도 한국은 안 망한다'에 베팅하는 법_ETF

'옆집 아저씨는 바이오가 잘된다고 해서 A종목에 돈을 넣었는데 반토막이 되었다더라' '옆집 아줌마는 여행사가 잘된다고 해서 B종목에 돈을 넣었다가 다 날렸다더라.' 한 종목에 투자했다가 망한 사례가 주변에 심심치 않게 있다 보니 많은 사람들이 주식투자를 꺼린다.

하지만 종목 하나가 망할 순 있어도 대한민국이란 나라가 망하긴 어렵지 않을까? 주식회사 대한민국에 투자하는 법, 상장지수펀드(ETF)는 그 해답이 될 수 있다. ETF를 통해서라면 주식회사 미국, 주식회사 인도에도 투자할 수 있다. 선진국과 신흥국을 포트폴리오에 두루 담을 수 있는 것이다.

## ETF 만원어치면 코스피 시장 전체를 살 수 있다

ETF는 최소 10종목 이상을 묶어 만든 지수를 추종하게 만든 펀드다. 펀드이지만 한국거래소를 통해 평범한 종목처럼 사고팔 수 있고, 지수의 움직임을 오차 없이 따라가야 하는 상품이다 보니 투명하다.

펀드매니저가 종목을 선별할 필요 없이 지수를 그저 따라가기만 해도 되기 때문에 일반 펀드보다 운용보수가 낮은 것도 장점이다. 운용보수는 ETF마다 조금씩 다르다.

ETF는 여러 종목에 분산 투자하는 방식이다 보니 한 종목에 투자하는 것보다 안전하다. 종목은 망할 수 있어도 증권시장은 장기적으로 오른다는 믿음이 있다면 ETF를 구매대상에 넣을 만하다. 실제 투자의 귀재 워런 버핏은 미국의 증권시장이 앞으로도 꾸준히 오를 수 있다고 굳게 믿는 사람 중 하나인데, 자신의 유서에 '재산의 10%는 국채 매입에, 나머지 90%는 모두 스탠더드앤드푸어스(S&P500) ETF에 투자하라'고 썼다고도 알려져 있다.

가장 대표적인 건 코스피200지수를 추종하는 ETF다. 코스피200지수는 코스피 시장에 상장되어 있는 종목 중 시장 대표성과 유동성, 시가총액 등을 고려해 뽑은 200개 종목으로 구성되어 있다.

한국 대표 시장인 코스피 시장에서 가장 우량한 종목 200개를 뽑아 넣은 걸로 만든 펀드라니, 명실상부 '주식회사 대한민국'이나 다름없는 상품이다. 때문에 기관투자자들 사이에서도 코스피

200 추종 ETF를 사는 것을 '코스피 시장을 샀다'고들 표현하기도 한다. 삼성자산운용이 운용하는 KODEX 200이나 미래에셋자산운용이 운용하는 TIGER 200이 이에 속한다.

한편 미국의 S&P500 지수를 추종하는 ETF도 국내에 상장되어 있어 '미국 시장을 사는 것'도 가능하다. 베트남 증시(VN지수)를 따라가는 ETF도 상장되어 있으니 '베트남 시장을 사는 것'도 물론 가능하다. 뿐만 아니라 수익률이 금값을 따라가는 금 ETF나, 채권 수익률을 따라가는 채권 ETF 등 다양한 테마에 투자할 수 있는 ETF도 존재한다.

### 자산운용사의 능력에 따라 벌어지는 '추적오차'

코스피200지수를 추종하는 ETF라면, 코스피200 내 종목을 정해진 비중대로 ETF에 똑같이 담아야 한다. 코스피200지수 내 삼성전자가 20%, SK하이닉스가 8%의 비중으로 구성되어 있다면 ETF 안에서도 같은 비중대로 담아야 지수와 ETF 수익률이 똑같이 간다.

그러나 똑같이 종목을 담다 보면 거래세도 내야 하고 매매비용도 계속 발생된다. 그러다 보면 나중엔 지수보다 순자산가치(NAV)가 떨어질 수밖에 없다. 지수와 순자산가치 간 차이를 '추적오차'라고 한다. 그래서 자산운용사는 고객 투자금의 일정 부분을 채권 등 다른 자산에 투자를 해서 아주 약간의 추가 수익을 낸 뒤

매매비용으로 발생한 손실을 메꾼다. 이를 잘하는 자산운용사라면 추적오차가 작고, 못하는 자산운용사라면 추적오차가 크다.

다만 상장지수증권(ETN)의 경우는 ETF처럼 실제로 종목을 사고팔면서 기초지수를 쫓아가는 게 아니라, 그저 '이 기초지수의 움직임대로 수익률을 돌려주겠다'고 약속한 상품이기 때문에 이런 오차가 없다.

### 지수는 잘 따라갔는데, 투자수요로 생기는 '괴리율'

자산운용사가 기초지수를 잘 따라갔는데도 지수와 ETF 가격이 또 벌어질 수 있다. 이렇게 투자수요나 시장환경 때문에 가격이 벌어지는 것을 '괴리율'이라고 한다. 이 괴리율은 ETN에도 똑같이 적용된다.

ETF나 ETN은 그 가격이 추종하는 지수와 비슷하게 움직일 수 있도록 유동성 공급자인 증권사가 지수 근처에서 '사자' 혹은 '팔자'와 같은 주문을 낸다. 그런데 창고에 재고가 있어야 물건을 팔 수 있는 것처럼, 증권사도 확보한 물량이 있어야 시장에 내다 팔 수 있다. ETF나 ETN 상품이 예상치 못하게 인기가 많아져 이미 시장에 물량을 다 쏟았는데도 사겠다는 사람이 넘쳐나면 ETF나 ETN 가격이 올라 괴리율만 커지게 된다.

실제 중국 주식투자 붐이 일었던 2007년 10월, 한 중국 ETF가 상장 첫날 이같은 이유로 괴리율이 벌어진 적이 있다. 2만

1,500원짜리가 2만 2,200원에 거래된 것이다. 또 신종 코로나 바이러스가 확산된 이후 국제유가가 폭락해 원유 ETN을 사겠다는 수요가 급증하며 원유 ETN의 괴리율이 수백 퍼센트씩이나 벌어지기도 했다.

한편 해외 자산과 연계된 ETF·ETN의 경우 시장 간의 차이로 가격 괴리가 발생할 수도 있다. 예컨대 한국은 모든 종목이 위·아래로 하루 최대 30%까지만 움직일 수 있지만, 미국은 이런 가격제한폭이 없다. 미국 관련 ETF가 담은 자산이 간밤 40% 이상 가격이 뛰었음에도 불구하고 한국 ETF는 30%까지밖에 가격이 오르지 못하기 때문에 10%만큼의 괴리율이 발생하는 것이다. 따라서 ETF는 거래량이 많고, 추적오차가 작으면서 괴리율도 낮고, 비용이 저렴할수록 좋다.

# 레버리지, 곱버스 ETF는 장기투자 할수록 손해다

2배의 수익을 올리고 싶어서 선택하는 레버리지와 곱버스 투자.
단, 오래 하면 할수록 '음의 복리효과'가 커져 손실이 누적되니
되도록 단기투자만 하라고!

'지수는 그대로인데 내 레버리지 상장지수펀드(ETF) 수익률은 왜 -12%인 거야?' 레버리지·곱버스(인버스 2배) ETF에 투자한 사람들이 많이 가지는 의문 중 하나다. 기초지수는 투자했을 때와 비슷한데 레버리지나 곱버스 ETF의 손실은 10배 가까이 난다는 것이다. 이건 '음의 복리효과' 때문인데, 레버리지·곱버스 투자를 오래 하면 안 되는 이유와도 직결된다. 오래 하면 할수록 손실을 키울 가능성이 높기 때문이다.

따라서 많은 전문가들이 레버리지 곱버스 투자는 단기로만 할 것을 추천한다. 이는 단순한 숫자 계산으로 알 수 있는데 많은 이들이 간과하는 사실이다.

## 주가가 출렁이는 사이에 손실은 누적

코스피200지수가 오늘 100포인트라고 가정하고, 이 지수가 내일은 10% 하락하고 내일 모레엔 10% 상승한다고 가정해보자. 그럼 지수가 100포인트가 될 것 같지만 사실은 그렇지 않다. 100에서 10%(10포인트) 하락하면 90포인트이고, 90포인트에서 10%(9포인트) 상승하면 99포인트이니까 말이다.

변동 폭이 커지면 커질수록 이 차이는 더 벌어진다. 예컨대 지수가 100포인트에서 50% 하락했을 경우, 수익률을 다시 0으로 만들려면 50포인트에서 추가로 50포인트 더 상승해야 하니 다음 날엔 수익률을 100% 올려야 한다. 가격이 크게 움직이면 움직일수록 손실을 회복하기가 어려워지는 셈이다.

그러니 일일 지수 변동폭의 2배를 곱한 만큼 수익·손실이 돌아오는 레버리지·곱버스 ETF는 변동성이 큰 장에선 오래 가지고 있으면 있을수록 좋은 수익을 내기 어렵다. 손실 회복에 필요한 만큼 반등하지도 못했는데 다음날 다시 지수가 빠지면 누적 수익률 하락은 더 커지기만 하니까 말이다.

예컨대 코스피200지수가 100포인트였을 때 코스피200레버리지ETF를 매수했다고 하자. 내일은 10% 빠지고 내일모레 다시 10% 올랐다. 그러면 지수는 100-90-99가 되는데, 레버리지 ETF는 100-80-96이 된다. 지수는 단 1포인트 빠졌을 뿐인데 레버리지 ETF로는 4%나 손해를 보는 결과가 나오는 것이다. 곱버스 ETF도 마찬가지다. 100-120-96으로 4% 손해를 보게 된다. 이 원리를 '음의 복리효과'라고도 부른다.

### 계속 한 방향으로만 움직이면 좋겠지만

물론 지수가 줄곧 한방향으로 움직이기만 한다면 그 방향으로 베팅한 레버리지·곱버스 ETF의 수익률은 더 커진다.

코스피200지수가 이틀 연속 10% 올랐다고 가정한다면(100-110-120), 코스피200레버리지 ETF의 수익률은 100-120-144가 된다. 즉 원래 지수보다 10포인트 이상 수익률을 추가로 올릴 수 있게 되는 것이다. 곱버스 ETF 역시 지수가 계속 내리기만 한다면 똑같이 추가 수익률을 더 크게 얻을 수 있다.

그러나 주가는 오늘 오르면 내일 내리기도 하고, 특히 미국과 중국 간 무역분쟁이나 신종 코로나 바이러스와 같은 악재가 발생하면 위아래로 크게 출렁이기도 한다. 하루에 코스피200지수가 10%씩 아래위로 출렁이는 건 예삿일이 되기도 한다.

따라서 전문가들은 레버리지·곱버스 ETF는 무조건 단기투자를 해야 한다고 입을 모은다. 물려있다고 장기투자를 하다간 앉아서 수익률만 까먹는 일이 될 수 있기 때문이다. 특히 곱버스 ETF의 경우는 기업들의 실적이 조금씩이라도 오르고 주가도 이를 따라간다면 평생 자신이 매수했던 가격대로는 돌아오지 않은 채 손실만 대규모로 불어날 수 있으니 각별한 주의가 필요하다.

# 유가나 콩값이 오르는데도 베팅할 수 있다고요?_ ETN

원유 등 원자재 가격이 오를 것 같다면 어떻게 투자해야 할까? 수중에 있는 돈을 긁어모아 이런 것들을 왕창 사들인다고 해도 제대로 보관하기가 만만치 않을 것이다. 게다가 마땅히 팔 사람을 찾기도 어렵다.

원유, 철광석, 천연가스, 구리, 콩, 옥수수, 대두 등 감히 함부로 접근하기 어려운 원자재에 투자하고 싶다면 'ETN'을 떠올려 보자. ETN은 증권사가 투자자에게 만기 때 특정 자산이나 특정 지수(이하 특정 자산)의 가격 변동에 따라 투자금을 돌려주겠다고 약속한 상품이다.

ETN의 만기는 최소 1년 이상, 최대 20년 이내인데 만기가 도래하기 전까지 ETN은 일반 주식처럼 한국거래소에 상장되어 HTS, MTS에서 수시로 사고팔 수 있다. ETN은 ETF와 투자하는 상품이 비슷하긴 하나 좀더 원자재에 특화되어 있다.

ETN이 ETF보다 투자 위험이 높다. ETF는 펀드이기 때문에 자산운용사가 망하더라도 투자금을 돌려받을 수 있지만 ETN은 증권사가 망하면 투자금 전액을 날리게 되기 때문이다. 투자자가 증권사에 돈을 빌려줘놓고 원금과 이자 등을 특정 자산의 가격 변동에 따라 돌려받기로 한 것과 같다. 채권과 성격이 비슷해 ETN을 상장지수채권이라고 부르기도 한다. 다만 특정 자산 가격이 하락했다면 이자는커녕 원금까지 잃게 된다.

ETN이 일반 주식과 똑같이 거래되긴 하지만 ETN에는 두 가지 가격이 있다. 하나는 투자자들이 HTS상에서 매매하는 가격이고, 또 하나는 매매 가격의 기준점이 되는 가격이다. ETN에선 매매 가격보다 '기준점이 되는 가격'이 훨씬 중요하다. 이 기준가격을 '지표가치(IV, Indicative Value)'라고 한다. 지표가치는 특정 자산의 가격 변동에 따라 달라지는 ETN의 본래 가치를 말한다.

학교에서 선생님이 아이들을 줄 세울 때 '기준'이라고 외치면 이 기준을 중심으로 아이들이 하나둘씩 모이듯이 ETN 매매 가격 역시 기준가격 언저리에서 움직인다. 이러한 기준가격은 ETN 발행사인 증권사가 유동성 공급자(LP)로서 매일, 실시간 산출하고 ETN 매매 가격이 기준가격과 유사하게 거래될 수 있도록 매수, 매도가격을 제시한다.

기준가격이 중요한 것은 ETN이 만기가 될 경우 ETN 매매 가격이 아닌 기준가격에 따라 투자금이 상환되기 때문이다. ETN 매매가격이 주당 1만 2,000원인데 기준가격이 1만원이라면 만기 때 1만원을 기준으로 투자금을 돌려받는단 얘기다. 상장폐지도 기준가격이 결정한다. 원유 선물 가격이 어느 날 갑자기 하루 새 100% 급락하면 기준가격이 0이 된다. 일일 가격 변동의 2배를 따라가는 레버리지 ETN은 원유 선물이 50%만 하락해도 기준가격이 0이다. 기준가격이 0이 되면 ETN은 상장폐지된다.

2020년 4월 20일엔 5월 원유 선물 가격이 하루 새 300% 넘게 급락해 사상 첫 마이너스 유가를 기록한 적이 있었다. 그당시 ETN의 기준가격은 6월 만기 선물을 따라갔던 터라 상장폐지는 면할 수 있었다.

### ETN 투자시엔 '괴리율'을 꼭 알아둬야

ETN을 투자할 때 꼭 알아둬야 할 것이 있다면 괴리율이다. 괴리율은 ETN 매매가격이 기준가격과 얼마나 멀어져 있는지를 비율로 나타낸 것이다. ETN 매매가격이 기준가격보다 낮아 괴리율이 마이너스가 되면 ETN 가격이 '본래 가치보다 싸다'는 것을 말하고, 플러스(ETN 매매 가격 〉 기준가격)가 되면 비싸다는 것을 말한다. 투자자는 괴리율이 마이너스일 때 ETN을 매수하고 플러스일 때는 파는 것이 유리하다.

유동성 공급자가 ETN 매매가격을 기준가격에 가깝게 제시하는 데도 괴리율이 커질 수 있다. 2020년 3~4월엔 신종 코로나 바이러스로 원유 수요는 계속 줄어드는데 공급이 워낙 많아 원유 선물 가격이 뚝뚝 떨어졌었다. 투자자들은 '유가가 더이상 쌀 수 없다'며 원유 선물 ETN을 싹쓸이했다. 그로 인해 원유 선물 ETN 기준가격이 주당 200원에 불과했던 것이 매매가격은 800원에 달했다.

ETN은 특정 자산의 가격 변동에 따라 투자금을 지급하기로 한 상품이기 때문에 괴리율이 커지면 아무 의미 없는 숫자 놀음이 되어 버린다. 원유 선물 ETN은 수차례 거래정지가 되는 수모를 겪어야 했다. 이러한 일은 100명의 사람이 있다면 100명 모두 '유가가 오른다'고 생각했다는 것인데 이는 극히 드문 사례다.

### 선물에 투자하는 만큼 '롤오버'는 필수

원자재 선물 가격 변동에 따라 움직이는 ETN의 경우 매월 롤오버(roll over)가 일어난다. 롤오버는 만기가 가까워진 선물을 팔고, 그 다음 만기가 도래하는 선물을 사는 것이다. 만기까지 그 선물을 갖고 있으면 투자자에게 진짜 원유, 콩이 도착할지도 모른다. 그래서 롤오버를 하는 것이다.

ETN은 통상 거래가 가장 활발한 최근월물의 가격 변동을 따라 움직인다. 만약 지금이 8월 초순이라고 하면 최근월물은 9월물이고 8월 중순경 만기가 돌아온다. 8월 중순쯤에 만기가 돌아오는 9월물을 모두 팔고 차근월물인 10월물을 사들인다.

만기가 가까운 선물보다 만기가 먼 선물이 비싼 것을 '콘탱고(Contango)'라고 한다. 싼 9월물을 팔아 비싼 10월물을 사게 되면 롤오버에 따른 비용이 발생한다. 반대로 만기가 가까운 선물이 더 비싼 '백워데이션(Backwardation)' 상태라면 이익이 생긴다.

그러니 괴리율이 높은 데다 롤오버 비용까지 많이 드는 시기에 ETN에 투자한다면 손해가 크다. 2020년 4월 원유 선물 ETN 투자자들은 높은 괴리율에 울고 롤오버 비용에 땅을 쳐야 했다.

■ **ETN과 ETF의 차이점**

| 구분 | 상장지수증권(ETN) | 상장지수펀드(ETF) |
|---|---|---|
| 정의 | 기초지수 수익률에 따라 투자금을 지급하기로 약속한 파생결합증권 | 운용을 통해 기초지수 수익률을 따라가도록 한 집합투자증권(펀드) |
| 발행 주체 | 증권사 | 자산운용사 |
| 신용위험 | 있음 | 없음 |
| 만기 | 1~20년 | 없음 |
| 자산운용 제한 | 없음 | 있음 |

# 주식시장에선 만원만 있으면
# 나도 건물주

'조물주 위에 갓물주 있다'는 말이 있다. 갓물주란 신을 뜻하는 갓(God)에 건물주를 붙인 합성어인데, 그만큼 부동산 가진 사람을 선망하는 사람이 많단 얘기다. 따박따박 월세 나오지, 좋은 건물 사면 시세차익도 올릴 수 있지…. 문제는 돈이다. 건물을 사려면 어마어마한 돈이 들기 때문에 모두가 동경하면서도 될 수 없는 게 바로 건물주다. 건물주는 그래서 '갓물주'가 되었다.

그런데 주식시장에선 만원만 있어도 갓물주가 될 수 있다! 달마다 나오진 않아도 분기, 혹은 반기에 한 번씩 임대료를 받을 수 있는 데다 건물의 시세차익도 노려볼 수 있으니까. 그걸 가능하게 한 게 바로 '리츠(Reits·부동산투자신탁)'다.

## 부동산도 공동구매 할 수 있다

리츠란 다수의 투자자로부터 모은 자금으로 부동산을 사거나, 혹은 부동산 관련 증권에 투자해서 발생한 임대수익을 투자자에게 배당하는 주식회사다.

쉽게 말해서 부동산을 공동구매하는 셈이다. 투자자의 돈을 모아 부동산을 직접 사들인 뒤 건물에 세 들어 사는 임차인에게 받은 월세로 배당을 주는 '신한알파리츠'가 있다면, 투자자의 돈으로 각 건물의 일부 지분만 증권 형태로 갖고 있으면서 여기서 나오는 수익을 돌려주는 'NH프라임리츠'가 있다.

일반 부동산 투자에선 월세를 받는다면, 리츠에선 비슷한 개념으로 배당을 받는다. 한국 리츠의 경우는 대부분 상·하반기 1년에 두 번 배당을 준다. 이 배당은 리츠가 소유한 건물에서 나온 임대수익으로 주는데, 리츠는 임대수익의 90%를 투자자에게 돌려줘야만 한다. 리츠는 배당가능 이익의 90% 이상을 배당으로 지급해야 법인세가 면제되기 때문이다.

보통 리츠의 연간 배당수익률(시가배당률)은 5~7%에 달한다. 다른 금융상품 대비 높은 배당수익률을 기대할 수 있는 것이다. 좋은 땅에 올린 건물을 사면 시세차익을 볼 수 있듯, 리츠도 좋은 건물을 자산으로 갖고 있는 경우 똑같이 시세차익을 얻을 수 있다.

2019년 상장되었던 롯데리츠는 상장 첫날 상한가를 기록하기도 했다. 다만 주가가 오르면 배당수익률은 그만큼 떨어진다. 배당수익률은 한 주당 배당금을 현재 주가로 나눈 수치이기 때문에, 분모인 주가가 오르면 배당수익률도 낮아지는 탓이다. 시세차익은 얻지만 받는 월세가 조금 줄어드는 셈이다.

한편 리츠는 일반 종목들과 똑같이 주식시장에서 사고팔 수 있다. 2025년 11월 기준으로 대부분의 공모리츠가 1주당 5천원 안팎밖에 되지 않기 때문에 커피 한 잔 값이면 갓물주의 일원이 될 수 있다. 부동산이 거액의 자금을 필요로 하는 데다 팔기 어려운 상황에 처할 수도 있다면, 리츠는 소액으로 투자해 언제나 현금화할 수 있는 부동산의 일부를 가질 수 있도록 만든 상품이다.

### 누구한테 월세를 주느냐가 중요하다

'조물주 위에 갓물주 있지만, 갓물주 위엔 스타벅스 있다'는 말이 있다. 그만큼 갓물주들이 들이고 싶어 하는 임차인이 스타벅스라서 나오는 말이다. 스타벅스는 장기 임차를 하기 때문에 건물주 입장에선 해당 기간 동안 공실을 걱정할 필요가 없고, 프랜차이즈 중에서도 고급스러운 이미지가 있어서 건물 가치 상승에도 기여하는 까닭이다.

누가 얼마나 임차를 하느냐가 중요한 건 리츠도 마찬가지다. 공실률을 줄여야 배당을 받을 수 있는 자원이 늘어나고, 또 어떤 업종의 임차인에게 월세를 주느냐에 따라 안정적으로 배당을 받을 수 있는지도 결정되기 때문이다.

예컨대 신한알파리츠의 경우는 오피스 리츠라는 정체성을 갖고, 대부분의 임차인을 일반 회사로 채운다. 회사가 망하지 않는 이상 사옥을 뺄 일이 없으므로 안정적으로 배당을 받을 수 있다. 경기를 덜 타는 대표적인 리츠가 이 오피스 리츠인 것이다.

한편 한국에는 유통업체를 임차인으로 둔 리테일(소매점, Retail) 리츠도 많다. 롯데마트 등을 기초자산으로 둔 롯데리츠가 있고, NC백화점을 기초자산으로 둔 이리츠코크렙이 대표적이다.

리테일 리츠도 경제 상황이 안 좋으면 마트나 백화점을 가는 인구가 급감해 배당 안정성이 보장되지 않는 리츠군 중 하나다. 자산 매각이 쉽지 않은 점도 영향을 미친다. 실제 롯데리츠는 2019년 상장 이후 2022년 6월까지 반기마다 주당 160원 내외를 배당했다. 하지만 2023년부터는 주당 100원 내외로 반기 배당금이 줄어들었다. 2024년엔 반기배당금이 주당 200원대로 다시 올랐다가 해당 해 말에는 다시 100원대로 낮아지는 등 변동성이 큰 편이다.

### 해외 리츠들은 더 다양하다

해외 주식에 투자하듯, 해외 리츠에 투자하는 것도 가능하다. 일반 해외 주식을 직구하듯, 리츠 종목을 직구하면 된다.

리테일이나 호텔에 집중된 한국 리츠 시장과는 달리 해외에는 더 다양한 자산을 담고 있는 리츠들이 많다는 것 또한 장점이다.

통신기지국(셀타워) 등 인프라에도 투자 가능하며, 데이터센터 시설에도 투자할 수 있다. 온라인 쇼핑 증가에 각종 상품을 보관해야 하는 물류 센터 리츠도 인기다.

공모리츠가 최근 몇 년 사이 시장에서 주목받기 시작한 우리나라와 달리, 수십 년의 역사를 가진 미국·일본·싱가포르 등 해외에는 그만큼 다양한 공모리츠가 많다.

또 해외 리츠들의 경우는 달마다 배당을 주는 월배당 리츠들도 많으니 부동산에 직접 투자하듯 월세를 받는 감각으로 리츠에 투자할 수도 있다.

# 선물이 참 어렵던데
# 쉽게 알 수 있는 방법은 없나요?

해마다 배추를 심을 때쯤 되면 농부와 상인들은 고민에 빠진다. 배추농사는 해마다 작황이 다르기 때문에 매년 가격이 큰 폭으로 오르내리기 때문이다. 상인은 가을께 배추값이 지나치게 오를까봐 걱정이고, 농부는 반대로 너무 떨어질까봐 걱정이다. 그래서 둘은 계약금을 걸고 가을이 되면 지나치게 오르지도, 내리지도 않는 중간값에 거래를 치르기로 약속한다. 일명 '밭떼기 거래'다.

금융시장에서도 비슷한 거래가 가능하다. 나중에 가격이 어떻게 변하든 약속한 날짜에 정해진 금액으로 거래를 주고받아야만 하는 거래, 그걸 선물(先物) 거래라고 부른다.

금융시장에서는 한국거래소를 통해 석유 등의 원자재뿐 아니라 쌀과 옥수수, 심지어는 주가지수까지도 선물로 거래할 수 있다. 만기가 되는 날에 얼마에 사고팔 것인지 매수자와 매도자가 계약해서 선물 거래를 한다. 이때 수많은 사람들이 계약을 하기 때문에 표준화된 계약조건에 따라 매매를 해야 거래가 원활하게 이뤄진다. 그래서 금의 경우는 순도 99.99%의 금괴를 100g 단위로 거래하도록 되어 있다. 현물 거래가 '1주'씩 이뤄지는 것과 달리 선물은 '1계약'씩 매매가 이뤄진다.

## 만기 날 '배째라' 해도 선물 거래가 이뤄질 수 있는 이유

선물을 거래하기 위해선 선물 계좌에 '기본예탁금' 명목으로 1천만원이 있어야 하고, 선물 매수·매도를 하려면 추가로 돈이 더 필요하다. 또한 나중에 계약을 이행할 수 있는지 여부를 보증하기 위해 최소한의 보증금을 유지할 필요가 있다. 보통 이 보증금은 총 선물 계약 규모의 10% 이내에서 정해진다. 100만원어치 선물 거래를 하려면 10만원만 있으면 되니 적은 돈으로 큰 규모의 거래를 할 수 있어 '레버리지 효과(leverage effect)'가 크다고 말한다. 코스피200지수 선물의 경우 1계약당 25만원이다.

이때 매수자와 매도자가 시장에서 직접 선물을 거래하진 않는다. 만기에 실제로 거래가 오가지 않을 경우를 대비해 계약 이행을 보증할 제3자가 매수자와 매도자 사이에 껴서 대신 거래를 해준다. 매도자의 거래 상대방은 매수자가 아닌 청산소가 되는 셈이다. 이 청산소의 역할을 한국에선 한국거래소가 맡는다. 대체거래소인 넥스트레이드(NXT)는 2025년 11월 기준, 선물·옵션 등 파생상품 거래를 지원하지 않는다.

청산소가 있기에 선물 투자자들은 거래 상대방이 만기에 계약을 제대로 이행할 수 있을지 여부에 대해 의심하거나 일일이 따질 필요 없이 안심하고 거래를 할 수 있게 된다. 만기 날 선물 가격이 지나치게 올랐다고 매수자가 못 사겠다며 '배째라' 하고 나와도 거래가 완료될 수 있는 이유다.

그렇다면 한국거래소는 '배째라' 하는 투자자를 상대로 거래를 완료시킬 수 있을까? 답은 'YES'다. 이는 일일정산제도가 있기 때문이다. 청산소는 당일 장이 끝난 후 종가를 기준으로 하여 매일의 정산가격을 발표한다. 이 가격을 기준으로 모든 거래 참여자들의 아직 청산하지 않은 계약(미청산계약)에 대한 잠정이익과 손실을 정산한다.

정산 결과 투자자의 증거금이 유지증거금 이하의 수준으로 떨어졌다면 추가증거금을 납부하라고 독촉한다. 일일정산 기능을 통해 계약 당사자들로 하여금 일정수준의 증거금을 유지하도록 해서 계약불이행 위험을 미리미리 방지하는 것이다.

참고로 개시증거금은 계약과 동시에 내야 하는 증거금이고, 유지증거금은 선물계약 기간 동안 일정 수준 이상 유지해야 하는 증거금 기준이며, 추가증거금은 유지증거금이 부족해 추가로 내야 하는 증거금이다.

예컨대 A씨가 7월 1일 100만원으로 선물 1계약을 매수했다고 치자. A씨는 이 거래를 위해 개시증거금으로 15%에 해당하는 15만원을 낸 상태이며, 이 선물의 유지증거금은 10만원이다. 그런데 이튿날인 7월 2일, 선물 가격이 90만원으로 하락해 손실이 10만원 발생한다면? 개시증거금으로 넣어놨던 15만원에서 10만원이 감소해 계좌에는 5만원만 남게 되고, 유지증거금 10만원을 밑돌게 된다.

그러면 한국거래소는 추가증거금을 납부하라는 요구, 이른바 '마진콜(margin call)'에 나선다. 마진콜을 받은 투자자는 이번엔 개시증거금인 15만원으로 다시 채우기 위해 추가증거금으로 10만원을 더 내야 한다. 유지증거금을 밑돈다고 해서 유지증거금만큼만 맞추면 되는 게 아니라, 애초 계약을 시작하면서 냈던 증거금만큼을 다시 채워놔야 하는 셈이다.

### 선물 계약은 원할 때 종료시킬 수 있다

한편 선물 거래는 꼭 만기가 아니더라도 투자자가 언제나 종료시킬 수 있다. 내 계약을 내가 거두면 된다. 즉 매수자의 경우 선물계약을 반대로 매도하고, 매도자의 경우 선물계약을 매수하면 가능한 것이다. 이를 '반대매매'라고 부른다. 만약 만기까지 계약을 유지하고 있다면 만기 날 실물을 인수해서 계약을 끝낼 수 있고, 실물을 인수하지 않고 가격 차이만 현금으로 차액결제해서 계약을 종료시킬 수도 있다.

만약 계약의 만기를 연장하고 싶다면 현재 갖고 있는 선물 계약을 일단 청산한 뒤 다음 만기의 동일한 포지션의 계약을 새로 맺으면 된다. 매수 선물 계약을 유지하고 싶다면 일단 지금 선물은 청산하고, 다음 만기의 매수 선물을 다시 사들이는 것이다. 이를 '롤오버(roll-over)'라고 부른다.

### 미결제약정은 시장의 앞날을 예고한다

만기 전날까지 청산되지 않은 채로 보유하고 있는 계약을 '미결제약정'이라고 부른다. 미결제약정은 실시간으로 시장에 발표되며, 중요한 투자지표로 사용된다.

상승 또는 하락 추세에서 해당 미결제약정이 증가하면 지금의 추세를 지속시킬 자금이 유입된다고 판단할 수 있고, 반대로 미결제약정이 감소하면 자금의 유출 및 추세가 전환되거나 반전될 것을 예측할 수도 있기 때문이다.

또 만기일의 미결제약정은 특히 중요하다. 차익거래와 연계된 미결제약정의 경우 파생상품이 자동 청산되면서 이에 대응해 보유한 주식의 대량 매도가 발생하기 때문이다.

많은 사람들이 지금보다 만기 날 지수가 더 오를 것 같다고 생각하면 당장은 선물가격이 주가지수(현물가격)보다 더 비싸진다.

그러나 결국 만기일이 가까워질수록 선물가격과 주가지수는 똑같아지기 마련이다. 미래가 가까워질수록 주가지수가 그 미래 가치를 반영해 오르면서 미리 올라있던 선물가격과 비슷해지기 때문이다.

그래서 선물과 주가지수가 차이가 났을 때 싼 걸 사들이고 비싼 걸 팔아 차익을 올리는 차익거래에 나선다. 선물이 싸고 주가지수가 비싸면 선물을 사고 주가지수를 매도(공매도)하는 매도차익거래를, 반대의 경우에는 선물을 팔고 주가지수를 사는 매수차익거래를 한다.

그런데 만기 날이 되면 이 선물을 청산해야 한다. 만약 선물을 팔고 주가지수를 샀던 투자자라면, 반대로 선물을 사고 주가지수를 팔아야 한다. 이 차익거래 규모가 커지게 되면 주식시장에 충격을 줄 수 있다. 만기일 근처에 미결제약정이 현물시장의 변동성과 주가의 방향을 예측하는 중요한 정보로 활용되는 이유다.

# 주식시장에서도 보험을 사고판다고요?

약속한 날짜에 정해진 가격으로 주식을 거래할 수 있는 '권리'를 사고판다면?
그것이 바로 옵션거래! 막상 만기에 내가 생각한 것과 다르게 주가가 결정된다면?
권리를 포기하면 돼!

매년 겨울철부터 봄철까진 황사, 미세먼지로 마스크 장사가 잘 된다. 돈 되는 것은 다 떼다 파는 김씨는 8월 정도에 마스크 공장 사장 이씨를 찾아가서 계약금 500만원을 제시하며 11월쯤에 마스크를 현재 가격인 장당 500원에 10만장 살 수 있을지 물었다. 이씨는 마스크가 잘 팔리다 보니 주변에서 너도나도 마스크 공장을 차려 마스크 값이 똥값이 될까봐 걱정이었던 차에 잘 되었다 싶었다.

드디어 11월이 되었다. 예상치 못했던 신종 코로나 바이러스까지 겹치자 마스크 도매가격이 장당 2천원으로 치솟았다. 김씨는 마스크 가격을 1,500원이나 더 싸게 구입해 총 1억 5천만원의 이익을 얻었다. 여기에 계약금으로 지급한 500만원을 제하더라도 1억 4,500만원의 이득을 본 셈이다. 반면 이씨는 1억 4,500만원의 손해를 봤다.

반대로 11월에 마스크 공급이 넘쳐서 마스크 도매 가격이 200원으로 떨어진다면, 김씨는 3천만원 손해를 보느니 300만원 계약금을 포기하고 말 것이다.

김씨와 이씨는 옵션 계약을 체결한 것이다. 옵션 계약은 선물 계약과 비슷해보이지만 미리 정해진 가격(행사가격)에 정해진 기간 내에 매수 또는 매도를 할 수 있는 권리를 매매한 것이다. 그 권리는 가격이 맞으면 행사할 수 있지만 가격이 맞지 않으면 포기하면 된다.

만약 김씨, 이씨가 선물 계약을 체결했다면 김씨는 마스크 가격이 하락했어도 300원 웃돈을 줘가며 마스크를 샀어야 했을 것이다. 그러나 옵션 거래에선 옵션 매수자는 권리만 있을 뿐 의무는 없고, 옵션 매도자는 권리는 없고 의무만 있다.

이는 흡사 보험 계약과 비슷하다. 운전자는 매달 자동차 보험사에 보험료를 지급하고 사고가 났을 경우 보험금을 탈 수 있는 권리를 매수한다. 그러다 사고가 나면 운전자는 보험금 청구권을 행사해 납입한 보험료의 몇 배에 달하는 보험금을 지급받는다. 사고가 발생하지 않아도 불안감을 안정감으로 바꾼 대가로 보험료를 지급했다고 생각하면 된다.

## 4가지의 옵션 매매

옵션은 크게 콜옵션과 풋옵션으로 나뉜다. 콜옵션은 미래에 정해진 가격에 살 수 있는 권리이고, 풋옵션은 미래에 정해진 가격에 팔 수 있는 권리다. 콜옵션, 풋옵션 모두 매수, 매도가 가능하다. 김씨는 마스크에 대해 콜옵션 매수를 했고 이씨는 콜옵션을 매도한 것이다. 콜옵션 매수자인 김씨는 권리를 행사하거나 포기할 수 있는 선택권이 있지만 이씨는 선택권이 없다.

또한 김씨는 가격이 맞으면 콜옵션 권리를 행사해 이론적으로 무한대의 이익을 얻을 수 있는 반면 김씨가 손실을 볼 수 있는 금액은 딱 500만원이란 계약금으로 한정되어 있다. 그와 반대로 이씨의 이익은 500만원이란 계약금으로 한정되어 있는 반면 손실은 무한대다. 마스크 값이 오르면 오르는 대로 손실이 커지기 때문이다.

이는 풋옵션 매매에서도 똑같이 적용된다. 풋옵션 매수자는 계약금만큼 손실이 한정되고 이익은 무한대다. 반면 풋옵션 매도자는 이익은 한정되고 손실은 무한대다.

마스크 공장 사장 이씨는 마스크 공급이 넘쳐나서 8월에 500원하던 마스크가 11월이 되면 200원으로 떨어질 것 같다는 생각이 들었다. 그래서 마스크를 어떻게든 미리 팔고 싶은데 때마침 김씨가 나타났다. 마스크 가격이 오를 것이라고 생각하는 김씨에게 계약금 500만원을 주면서 "11월이 되면 내 마스크를 500원에 10만장만 사달라"고 요청한다. 김씨는 '얼씨구나' 하고 그 계약을 받아들인다. 이씨는 풋옵션 매수를, 김씨는 풋옵션 매도를 한 것이다.

11월이 되고 마스크는 2천원으로 급등했다. 김씨는 1,500원이나 싼값에 마스크를 샀으니 이득을 봤을까? 아니다. 이씨는 500만원 계약금만 김씨에게 주고 마스크를 팔지 않았다.

반대로 마스크 가격이 이씨가 예측한 대로 200원으로 떨어졌다. 이씨는 김씨에게 약속한 대로 마스크를 500원에 사라고 요구한다. 김씨는 울며 겨자먹기로 웃돈 300원을 주고 마스크를 사야한다. 현재보다 가격이 오를 것 같다면 김씨처럼 '콜옵션 매수, 풋옵션 매도'를, 가격이 하락할 것 같다면 이씨처럼 '콜옵션 매도, 풋옵션 매수'를 하면 된다.

### 코스피200옵션 거래는 어떻게?

옵션 계약을 주식시장에 적용해보자. 옵션 거래를 하기 위해선 선물·옵션 계좌를 별도로 개설해야 한다. '자본시장과 금융투자업에 관한 법률'에서 정한 전문투자자는 기본예탁금 없이 선물·옵션 거래가 가능하지만, 그렇지 않은 일반 개인투자자는 계좌에 기본예탁금으로 1천만원 이상 있어야 하고 옵션 매도 거래를 하기 위해선 2천만원 이상 있어야 한다. 기본예탁금을 채워야 하는 것 외에 사전 교육 1시간을 받고 3시간 모의거래를 해야한다(2025년 12월 기준. 파생상품 거래 경험 등에 따라 차등 있음).

자격을 갖췄다면 가장 거래가 활발한 코스피200옵션을 매매해보자. 코스피200옵션은 코스피200 가격을 중심으로 콜 277.5, 콜 280.0, 콜 282.5, 콜 285.0, 풋 250.0, 풋 252.5, 풋 255.0 등으로 2.5포인트 단위로 쪼개 인위적으로 만든 상품으로 각각 개별 옵션 종목이 된다.

'코스피200 C 202007 277.5'는 2020년 7월 만기일에 코스피200을 277.5포인트에 매수할 수 있는 콜옵션 상품이다. 6월 1일 코스피200 시세가 275.0인데, 코스피200이 오를 것 같아 코스피200 옵션 7월물 콜 277.5를 5.0포인트의 프리미엄(계약금)을 주고 10계약 샀다고 하자. 콜옵션 매수자가 콜옵션 매도자에게 줘야 하는 계약금은 10계약, 25만원(옵션 계약 매매단가), 5포인트를 곱해 1,250만원이다.

7월 만기일이 되어 코스피200이 287.5가 되었다면 콜옵션 매수자는 권리를 행사해 차익만큼을 벌게 된다. '(287.5-277.5)× 10계약×25만원'으로 2,500만원을 번다. 계약금을 제하면 1,250만원이 떨어진다. 원금 1,250만원을 걸고 100% 수익률을 낸 것이다. 반대로 7월 만기일에 코스피200이 270.0이 되었다면 계약금만큼 손실을 보고 권리 행사를 포기하게 된다. 콜옵션, 풋옵션을 매수했는데 만기일에 아무래도 손해를 볼 것 같다면 만기일 전에 시장에 내다팔아 손절할 수도 있다.

언뜻 보면 콜옵션이든 풋옵션이든 매수자가 권리를 갖고 손실도 계약금만큼으로 제한되니 이득처럼 보인다. 콜옵션, 풋옵션 매도자는 권리를 팔아버려 이익은 계약금으로 제한되고 손해는 무한대니 말이다.

그러나 현실적으로 보면 옵션 매도가 더 승률이 높다는 분석이 나온다. 코스피200 시세가 260인데 앞으로 오를 것 같아 270에 사겠다는 콜옵션 매수 계약을 체결했다. 그런데 막상 만기일이 되어 보니 시세가 오르긴 했는데 코스피200지수는 265밖에 오르지 않았다. 만기일에 가까워질수록 옵션의 가치까지 떨어지면서 프리미엄(계약금)이 상승해 수익률이 떨어진다. 콜옵션 매수의 경우 올랐어도 270 이상으로 올라야 이익이 생기게 되는 것이다. 반면 270에 콜옵션 매도를 체결한 경우라면 코스피200이 떨어져도 이득이고 270선 미만에서만 움직여도 이득이다.

풋옵션 매수와 매도도 살펴보자. 코스피200시세가 260인데 떨어질 것 같아 250에 풋옵션 매수 계약을 체결했다. 그런데 만기일에 가보니 떨어지긴 했는데 255까지밖에 떨어지지 않았다. 이때 풋옵션 매수자는 권리 행사를 포기해야 한다. 반대로 250에 풋옵션 매도 계약을 한 경우엔 코스피가 올라도 이익, 코스피가 떨어져도 250선 위에만 있어도 이득이다. 즉 풋옵션 매도는 기초자산 가격이 일정 수준 밑으로 하락하지 않으면 정해진 이득을 보는 스텝다운형 주가연계증권(ELS)과 수익 구조가 같다.

다시 보험 얘기를 해보자. 자동차 사고가 발생할 경우엔 보험사가 손해다. 그러나 자동차 사고가 발생하지 않는 한 보험사는 보험금을 지급하지 않고 꼬박꼬박 보험료를 받으면서 이익을 취할 수 있다. 콜옵션, 풋옵션 매도는 보험사가 취하는 포지션인 반면 콜옵션, 풋옵션 매수는 보험 가입자의 포지션이다.

옵션 매도는 손실 위험이 크지만 돈을 벌 확률이 높고 옵션 매수는 손실 위험은 적지만 돈을 벌 확률은 낮다. 이런 특성으로 인해 옵션 매수시에는 증거금 없이 매수금액 전액만 있으면 되지만, 매도시에는 매도 금액의 3~10배 금액이 증거금으로 필요하다.

# ELS는 ETF, ETN처럼 'E'자 돌림인데 HTS에서 살 수 있나요?

은행, 증권사 근처에 가본 사람이라면 한번쯤 'ELS(Equity Linked Securities·주가연계증권)'란 말을 들어봤을 것이다. ELS는 한때 국민 재테크 상품으로 불렸을 정도로 인기를 끌었다. 2019년 하반기 독일 국채 금리가 마이너스로 떨어지면서 엄청난 손실을 낸 DLS와는 형제 관계다.

### ✏️ 주가를 두고 증권사와 투자자가 벌이는 게임, ELS

ELS는 ETF(상장지수펀드), ETN(상장지수증권)처럼 'E'자로 시작하지만 HTS에서 거래할 수 없다. ETF, ETN의 'E'는 'Exchange'로 한국거래소(KRX, Korea Exchange)에 상장되어 거래된다는 의미이지만 ELS의 'E'는 주식을 뜻한다.

ELS는 증권사가 투자자에게 특정 주가지수나 종목의 가격이 일정 수준으로만 하락, 상승하지 않으면 사전에 정해진 이자를 주기로 약속한 상품이다.

또한 ETF, ETN이 기초자산 가격 변동에 따라 수익률이 결정된다면, ELS는 기초자산 가격이 하락하더라도 일정 범위 내에서만 있다면 이익을 얻을 수 있다는 측면에서 다르다.

ELS는 증권사와 투자자가 벌이는 게임이라고 생각하면 쉽다. 게임의 룰은 증권사가 정한다. 이 게임에서 이길 수 있다고 판단한 투자자는 은행, 증권사를 통해 ELS에 가입하게 된다.

투자자는 게임에서 이기면 수익을 낼 수 있다고 하지만 증권사는 이 게임을 왜 할까. 투자자에게 자금을 조달해 채권 운용 수익 등을 내기 위해서다. 수익을 낸 돈으론 투자자에게 이자를 주고, 남은 돈은 증권사 주머니로 들어간다.

우리나라에서 가장 많이 발행되는 ELS는 코스피200지수, S&P500지수, 유로스탁스(EuroStoxx)50지수, 니케이225지수, 홍콩 항성지수, 홍콩 항생중국기업지수(HSCEI·H지수) 등 국내외 주가지수를 기초자산으로 한 지수형 ELS로, '지수가 일정 구간 아래로 하락한 적이 없다면 이자를 줄게'라고 내건 스텝다운(Step-down)형 구조가 많다. 그러니 ELS는 주가지수가 많이 하락했을 때 가입하는 것이 안전하다.

통상 3개 지수를 기초자산으로 3년 만기로 발행된다. 만기 때 한꺼번에 원금과 이자를 상환하는 것이 아니라 6개월마다 조기 상환이 가능한지를 평가해 지수가 증권사가 정한 기준선 안에만 있으면 조기 상환된다.

만약 기준선 밖에 있다면 6개월을 더 기다렸다가 다시 조기 상환이 가능한지 평가한다. 최종 만기일까지 총 5번의 조기상환 기회가 주어진다.

코스피200, S&P500, 유로스탁스50을 기초자산으로 3년 만기, 6개월 조기상환(90-90-80-80-70-70), 연 6% 이자를 지급하는 ELS가 있다고 하자. ELS를 가입했던 시점의 지수 가격을 100이라고 하면 3개 기초지수 중 어느 하나라도 6개월 또는 1년 후 90 밑으로 하락한 적이 없다면 조기 상환된다. 코스피 지수가 1900일 때 가입했다면 1710 이상이면 조기 상환된다. 조기 상환에 실패했다면 1년 6개월 또는 2년 후에는 80 밑으로, 2년 6개월 또는 최종 만기일에는 70 밑으로만 하락하지 않으면 연 6%의 이자가 지급된다.

최종 만기일에 기초지수 어느 하나라도 70 밑으로 빠져 있다면 어떻게 될까? 이 역시 증권사가 사전에 정한 게임 룰에 따라 하락분만큼 원금 손실이 날 수 있다.

그러나 경우에 따라선 하락분의 몇 배가 원금에서 까이기도 한다. 2019년 독일 국채 금리 DLS의 경우 기준선에서 벗어난 경우 하락폭의 몇 배만큼 손실이 나도록 설정해 원금 손실폭이 커졌다.

증권사가 이자를 더 주겠다고 하고 게임을 더 어렵게 만들 수도 있다. 3년 만기 내에 기초지수 중 어느 하나가 50 밑으로 하락했을 경우 만기 때

반드시 70 이상으로 올라와야 이자를 지급하겠다고 조건을 내건 상품도 있다. 이를 '낙인(Knock-in)'이라고 한다. 낙인 ELS는 노낙인(No Knock-in) ELS보다 이자를 더 많이 준다. 손실 가능성이 더 높기 때문이다.

DLS(Derivative Linked Securities·파생결합증권)는 ELS와 구조가 같다. ELS가 주가지수나 삼성전자 등 종목을 기초자산으로 하는 반면 DLS는 환율, 원유, 금리 등 주식을 제외한 상품을 기초자산으로 한다는 점이 다를 뿐이다.

ELS나 DLS에 가입하기 전에는 상품 구조에 대해 한 번쯤 생각해봐야 한다. ELS와 DLS는 투자자가 얻을 수 있는 이익에는 한계선(연 6%라면 3년 만기시 18%)이 있는 반면 손실에는 한계선이 없다는 점이다. 기초자산이 증권사가 정한 기준선 밖으로 벗어나면 원금이 0이 될 수도 있다. 은행 금리보다 훨씬 높은 이자를 주겠다는 상품은 그만큼 위험도 큰 셈이다.

주식시장은 이미 미래를 반영하고 있다. 방구석에서 클릭 몇 번만 하면 일도, 쇼핑도, 교육도 가능한 시대. 기름을 넣지 않아도 운전자가 없어도 차가 구르는 시대를 반영한 종목들이 이미 시장에서 높은 가격을 받고 거래되고 있다. 고령화 시대에 맞춰 덜 아프고 오래 살 수 있는 약을 만드는 회사에도 이목이 쏠린다. 7장에선 최근 시장에서 주목받고 있는 여러 성장주를 각 테마에 맞춰 소개한다.

7장

그래서 요즘은
뭐가 제일 잘나가요?

# AI와 반도체가
# 이끄는 초격차 시대

젠슨 황 엔비디아 최고경영자(CEO)가 이재용 삼성전자 회장, 정의선 현대차그룹 회장과 함께 2025년 10월 말에 서울 강남구 삼성동 깐부치킨에서 치킨 회동을 한 것에 모든 이의 이목이 집중되었다. 깐부치킨 삼성점은 젠슨 황이 앉은 테이블에 앉으려는 사람들로 문전성시를 이뤘다. 한 시간씩만 앉아 있을 수 있다는 '시간 제한 문구'까지 가게 앞에 붙을 정도였다. 이에 질세라 깐부치킨에선 'AI(인공지능) 세트'까지 출시했다. 젠슨 황과 이 회장, 정 회장이 먹은 치킨에 'AI 세트'라는 이름을 붙인 것이다.

사람들은 AI가 뜨는 테마이고, 자연스럽게 엔비디아가 생산하는 GPU 등이 반도체 호재로 이어질 것이란 것을 알고 있다. 전 세계적으로 주목받고 있는 핵심 키워드 'AI'와 우리나라가 가장 앞선 기술을 자랑하는 반도체는 떼려야 뗄 수 없는 관계가 된 것이다. 이 둘은 같은 열차를 타고 달리고 있다.

## 반도체, 사이클 산업의 멍에를 벗을까

삼성전자, SK하이닉스의 메모리 반도체는 대표적인 시클리컬(Cyclical · 순환적) 산업이었다. 호황이 있으면 그다음에는 반드시 불황이 오고, 불황 다음에는 또다시 호황이 오는 업황 주기를 반복해왔다. 2025년 초 딜로이트 보고서에 따르면 반도체는 1990년부터 2024년까지, 34년간 총 아홉 차례의 호황기와 불황기를 반복해왔다. 메모리 반도체 산업은 한 번 사이클을 타면 2년간 호황을 맞았다가 2년간 불황기를 맞는다는 것이 정설이었다. 최근 들어 불규칙해지고 오히려 경기 위축의 빈도가 늘어났다는 평가도 나온다.

1990년대 PC통신, 2000년대 스마트폰 등 반도체 필수재들의 특징을 살펴보자. 2023년 기준으로 통신 및 컴퓨터용 반도체(데이터센터 칩 포함)가 전체 반도체 매출의 57%를 차지했다. 그런데 이들의 가장 큰 특징은 일정 주기 이후 새 제품으로 교체한다는 것이었다. 단순하게 말하자면 스마트폰 교체 시기에 맞춰 메모리 반도체 신규 투자가 일어나고 그로 인해 공급이 과잉되고, 메모리 반도체 가격이 하락하면서 다시 불황을 겪는다. 스마트폰 교체 시기라는 호황을 맞아 메모리 반도체 업체들이 시장 점유율을 확대하기 위해 너도나도 공급을 늘리게 되면 공급 과잉이 되기 쉽다. 그런데 어느 순간부터 사람들은 새로운 제품이 나온다고 해도 스마트폰 등을 쉽게 교체하지 않는다. 스마트폰의 교체 시기가 길어진 것이다.

그러나 이러한 고민은 AI 열풍으로 반전이 일어났다. 챗GPT 등 생성형 AI가 눈에 띄게 발전하면서 엔비디아가 생산하는 GPU에 대한 수요가 폭발했다. 생성형 AI는 엄청난 양의 데이터를 한꺼번에 넣어도 빠르게 학습하고 빠르게 그럴듯한 대답을 내놓는다. GPU는 AI의 두뇌 역할을 하게 된다. 머리는 좋은데 기억력이 나쁘다면, 그것을 머리가 좋다고 말할 수 있을까? 이때 기억력을 담당하는 것이 메모리 반도체다. 그런데 기존 디램(DRAM)과 같은 메모리 반도체는 한층 똑똑해진 생성형 AI의 기억력을 담당하긴 어려웠다. 이때 등장한 것이 고대역폭 메모리(HBM, High Bandwidth Memory)였다.

기존 디램(DRAM)은 칩을 수평으로 얇게 쌓은 방식의 메모리 반도체였다면, HBM은 칩을 여러 장 수직으로 쌓아서 위아래 통로를 여러 개로 뚫는 방식이다. 더 많은 데이터를 훨씬 더 빨리 주고받게 되는 구조다. 납작하게 쌓아 올려진 디램은 칩 사이를 오가는 전선의 길이가 길어지고 신호가 멀리 돌아가게 되니 속도도 느리고 전력도 많이 소모되는 데 비해, HBM은 수천 개의 초미세 구멍(TSV, Through-Silicon Via)으로 연결된다. TSV는 쉽게 말해

데이터가 지나가는 엘리베이터 통로가 된다. 엔비디아는 자신이 생산하는 GPU에 이러한 HBM3, HBM3E 등을 붙여 AI엔진을 구글, 오픈AI 등에 팔게 된다.

글로벌 시장조사 업체 프리시던스 리서치(Precedence Research)에 따르면 HBM 시장 규모는 2025년 72억 7천만달러 규모에서 2034년 591억 6천만달러 시장으로 연 평균 26% 넘게 성장할 것으로 예측했다. 2024년 기준으로 HBM 시장에서 GPU에만 공급되는 규모가 40%에 이른다.

그 외 AI, 머신러닝, 고성능 컴퓨팅 등에도 사용된다. HBM 기술을 개척하고 공급을 주도하는 업체는 단연코 SK하이닉스다. HBM 시장에서 SK하이닉스의 시장 점유율은 2024년 기준으로 50%를 넘는다. SK하이닉스 주가가 2025년에만 무려 250% 넘게 오른 이유이기도 하다.

관건은 HBM이 메모리 반도체 산업의 본질이었던 '사이클'에서 벗어나게 해줄 것인가다. 대다수의 보고서에서는 HBM은 기존 디램 등 메모리 반도체와는 구조적으로 다르다고 분석한다. 우선 HBM은 AI, 머신러닝, 자율주행 자동차 등 앞으로 더 성장할 산업의 필수재 역할을 한다. 기존 메모리 반도체와 달리 HBM은 높은 기술력을 요구하기 때문에 공급 능력에 제약을 받을 수 있다. 그만큼 경기의 영향을 덜 탈 것이란 얘기다. 이는 메모리 반도체 업황의 호황기가 좀더 길어질 수 있음을 의미한다.

# 툭하면 터질 AI버블, 성장 한계론

그러나 앞서 밝혔듯이 AI와 반도체는 같은 열차를 탔다. AI가 미래 성장 산업이라는 것은 누구도 부인할 수 없는 사실이지만, 얼마나 돈이 될지, 돈이 될 것 같은 기대감에만 사로잡혀 있는 것은 아닌지 등의 문제로, 툭하면 AI버블론이 터진다. 2025년에 발간된 맥킨지 보고서에 따르면 105개국 1,993명을 설문조사한 결과, 적어도 한 가지 기능에서 AI를 사용한다는 기업의 비중이 2024년에는 78%였는데, 2025년에는 88%로 늘어났다. 그러나 기업 차원에서 AI를 본격적으로 확장시키고 있는 기업은 3분의 1에 불과했다.

AI가 미칠 경제적, 사회적, 자원적 영향력이 엄청나기 때문에 AI발전 속도를 높일 필요가 없다는 얘기도 심심치 않게 나오기 때문이다. 실제로 노벨물리학상을 수상한 제프리 힌턴(Geoffrey Hinton) 캐나다 토론토대학교 교수는 "현재의 AI는 새끼 호랑이와 같다"고 말했다. AI기술이 빠르게 발전할수록 인류에겐 위협이 될 것이란 경고다. 즉 새끼 호랑이가 다 자랐을 때 그 호랑이가 나를 죽일 수 있을지 아닐지를 걱정해야 하는 상황이 올 수도 있다는 얘기다.

이런 흐름에 비해 AI 관련 주가는 너무 빠르게 급등하다 보니 주가의 변동성은 날이 갈수록 커지는 모양새다. 특히 2024년 연방준비제도(Fed·연준)의 기준금리 인하를 시작으로 글로벌 유동성

장세가 본격화한 만큼 주식시장의 폭등, 폭락 장세는 당분간 반복
될 가능성이 높다. AI는 시계열을 넓게 보면 계속 나아갈 수밖에
없는 테마인 것은 분명하다. AI 성장성이냐, 버블 논란이냐, 어디
에 초점을 맞출지는 투자자 각자가 판단할 몫이다. 이에 따라 반
도체 업황을 바라보는 시선도 달라질 것이다.

# AI는 '로봇'으로 이어진다

"다음은 피지컬(physical·물리적) 인공지능(AI)이다."

손정의 소프트뱅크 회장이 2025년 10월 스위스 산업용 로봇 제조업체 ABB의 로봇 사업부를 53억 7,500만달러, 한화로 약 7조 7,000억원에 인수한다고 발표하면서 한 발언이다. 손 회장은 "AI와 로봇을 융합한다는 비전 아래 인류를 발전시킬 획기적인 진화를 주도할 것"이라고 밝혔다. 손 회장은 위워크, 그랩 등에 투자해 손실을 봤다. 그러나 인터넷 초창기에 알리바바 등에 투자하고 스마트폰 확산기에는 ARM을 인수하는 등의 통 큰 결정으로 '투자의 귀재'로 불리는 인물이다. AI는 AI로 끝나지 않고 로봇과 연결되어 세상을 바꿀 것이라는 것이 그의 비전이다.

그렇다면 ABB는 왜 로봇 사업부를 소프트뱅크에 팔았을까? 로봇이 미래를 바꿀 만한 산업이라는 것에 회의적인 것일까? 모르텐 비어로드(Morten Wierod) ABB 최고경영자(CEO)는 로봇 사업부를 팔면서 "우리는 로봇 시장의 변동성이 훨씬 크다고 항상 말해왔다. 지난 몇 년간 성장과 수익성 측면에서 모두 그런 모습을 보였다"며 "전기화와 자동화에 집중하는 ABB의 다른 사업부와는 다소 다른 시장"이라고 말했다. 즉 로봇 산업은 아직까지는 변동성이 크고 수익이 손에 잡히는 산업은 아니라는 얘기다. 여기에 로봇 투자의 명암이 모두 반영되어 있다.

## 로봇 시장 연 평균 10~20% 성장 전망

로봇 시장은 2030년대까지 연 평균 10~20% 성장할 것으로 전망된다. 글로벌 시장조사 전문기관 ABI리서치의 2025년 3분기 보고서에 따르면 2030년까지 전 세계에 1,300만대의 로봇이 유통될 전망이다. 시장 규모로 따지면 1,110억달러가 될 것으로 전망된다. 2024년부터 연 평균 13.8% 성장할 것이란 전망이다. 로봇 산업의 성장세에 힘을 받쳐주는 보고서는 또 있다. 시장조사 기관인 퓨처마켓인사이트(FMI)는 로봇 시장이 2025년 318억 6천만달러에서 2035년 1,908억달러로, 연 평균 19.6% 성장할 것으로 보고 있다.

로봇 시장의 전망이 긍정적인 이유는 선진 시장의 고령화로 노동력이 구조적으로 부족한 데다 인건비도 계속해서 오르고 있기 때문이다. 로봇 기술은 머신 러닝, AI 기반 모빌리티, 센서 융합, 사물인터넷(IoT)과 교차한 기술력으로 단순 제조업뿐 아니라 자동차, 항공우주, 의료, 국방, 농업 등 정교하고 다양한 기술 분야에도 접목할 만큼 수요가 확장될 수 있다. FMI에 따르면 2020년부터 2024년까지는 로봇 시장이 신종 코로나 바이러스로 인해 노동력이 부족한 곳, 물류 창고, 의료 분야 등 비접촉 방식 운영에 대한 수요에 집중되었다. 제조업체들은 자동화된 조립 라인 투자를 확대했고 공공장소에선 배송 및 소독 로봇이 확대되었다.

그러나 2025년부터 2035년에는 로봇 사업의 지평이 새롭게 열릴 전망이다. AI와 로봇이 접목되면서 스마트팩토리, 자율 공급망, 예측 서비스 등과 접목해 휴머노이드로봇(사람과 닮은 형태와 행동을 하는 로봇), 의료용 나노 로봇(인체 내부에서 질병을 진단·치료하기 위해 작동하는 초미세 로봇), 농업 및 국방 분야의 군집 로봇(여러 대의 로봇이 마치 개미나 꿀벌처럼 협력하며 일하는 시스템)으로 진화할 것으로 예측되었다.

### 어떤 로봇이 뜰까?

로봇 시장은 아직까지 제조업 업황 전망을 무시하지 못할 정도로 산업용 로봇에 주로 사용되고 있다. ABI리서치에 따르면 산업용, 협동, 이동로봇 시장 규모는 2025년 기준, 490억 6천만달러로 전체의 98%를 차지한다. 2030년에는 전체 로봇 시장 규모 1,107억 2천만달러의 92%로 줄어들 것으로 보이지만 여전히 절대 비중이 높기 때문에 이들의 성장성은 아직까지 높다고 볼 수 있다. 특히 물류센터 등에 주로 투입될 이동로봇의 경우, 향후 10년간 총 매출의 50~60%를 차지할 것으로 예측된다. 이동로봇은 트럭 적재, 하역 속도를 높이고 재고 관리를 자동화하고 최종 배송 서비스를 수행할 것으로 보인다.

로봇 중에서는 휴머노이드 로봇 시장이 2030년까지 연 평균 137.7%로 성장해 가장 빠른 성장세를 보일 것으로 예측되고 있다. 다만 휴머노이드 로봇은 아직까지 전체 로봇 시장에서 2% 미만을 차지할 정도로 기술적으로 미미할 뿐 아니라 시장 형성이 제대로 이뤄지지 않고 있다. 그로 인해 당분간은 엔터테인먼트 분야에 집중될 것으로 전망된다.

### 중국, 로봇으로 세계의 공장은 계속된다

로봇 시장에서 중국을 빼놓을 수 없다. 국제로봇연맹(IFR)에 따르면 중국은 2024년 세계 최대 로봇 시장이다. 전 세계 산업용 로봇 도입량의 54%를 중국이 차지하고 있다. 중국은 한때 저렴한 인건비로 '세계의 제조업 공장'이라고 불렸다.

그러나 중국은 어느덧 고령화를 걱정해야 할 정도로 인구구조가 고령화되고 있고, 인건비도 높아졌다. 미국과의 무역 갈등과 제재 등으로 인해 중국에서 공장을 빼는 기업도 늘어나고 있다. 이때 중국 정부가 세운 전략이 로봇이다. 중국이 부동산 투자에서 공장 투자로 자본을 전환하고 있다는 평가까지 나온다. 로봇을 통한 공장 자동화를 통해 중국의 제조업은 2028년까지 연 평균 10% 성장할 것으로 예측된다.

파이낸셜타임스(FT)와 하버드대학교 성장연구소(Growth Lab) 등에 따르면, 중국은 2023년 노동집약적 산업 분야에서 세계 수출 점유율이 52.3%로 4년 전에 비해 9%p 상승했다. 예컨대 세계 장난감 수출에서 중국의 비중은 54.3%에서 56.9%로 높아졌다. 중국의 인건비는 어떨까? 중국의 인건비는 월 평균 729달러로 인도(194달러) 대비 3.7배 비싸다.

캐피털이코노믹스의 중국 경제학자 레아 페이히(Leah Fahy)는 파이낸셜타임스(FT)와의 인터뷰에서 "매우 놀라운 현상"이라며 "역사적으로 국가가 발전함에 따라 인건비가 상승하고 이러한 제품 생산에서 벗어나게 되는데 (중국은 그렇지 않다)"라고 말했다. 즉 로봇의 노동력을 활용해 여전히 노동력 우위를 유지하고 있다는 평가다.

### 아직은 불완전한 로봇

ABB의 로봇 사업부를 소프트뱅크에 넘겼던 비어로드(Wierod) CEO의 고민에서 보듯이 로봇 시장은 아직은 불완전하다. 산업용 로봇 시장의 비중이 절대적이란 점은 로봇이 제조업 업황에 상당한 영향을 받고 있음을 시사한다. 동시에 로봇은 인간의 일자리를 대체할 수 있다는 점에서 정부 규제나 사회적 비난 등에 노출될 가능성이 높다. 이는 로봇 기술개발에 제약이 될 수 있다. 이런 영향으로 로봇 관련 대형주들의 수익률이 안정적이진 않다. 로봇주라도 편차가 컸다. ABB, 화낙(Fanuc), 로크웰오토메이션(Rockwell Automation), 테라다인(Teradyne) 등 산업용 로봇 제조업체들은 2025년 들어 주가가 10~30%대 상승률을 보였다.

미국의 수술로봇 기업인 인튜이티브 서지컬(Intuitive Surgical)은 2025년에 5%도 오르지 않았는데, 미국 드론·로봇 항공시스템 전문 방산기업인 에어로바이런먼트(AeroVironment)는 90% 가까운 수익률을 올렸다. 즉 로봇 포장지만 쓰고 있다고 해서 주가가 오르는 것이 아니라, 로봇이 주로 쓰이는 업황에 따라 주가 수익률도 좌우된다는 것을 알 수 있다.

# AI 붐이 상기시킨 에너지의 중요성

AI를 가동시키려면 24시간 GPU에 전력 연결이 필요해.
한때 죽은 발전원이었던 원전이 주목받는 이유지.
레고처럼 조립하는 SMR이 미래 전력이 될 수도 있어.

펜실베이니아주 해리스버그 인근 수스퀘한나강 한가운데 자리한 스리마일섬(Three Mile Island)은 원자력발전(원전) 업계의 오랜 트라우마였다. 1979년 스리마일 원전 2호기에서 핵연료가 녹아내리는 이른바 '멜트다운' 현상이 발생해 방사성 물질이 누출되는 미국 역사상 최악의 원전사고가 발생하면서다. 해당 사고의 충격으로 전 세계 사람들은 눈에 보이지 않는 방사능의 공포에 떨었고, 미국 내 신규 원전 건설은 30년 넘게 멈춰 섰다.

그로부터 40여 년이 흘러, 그 상처의 땅이 다시 산업의 최전선으로 돌아왔다. 그 배경에는 인공지능(AI)이 있다. 마이크로소프트가 2024년에 스리마일 1호기를 다시 가동해 자사 데이터센터로 전력을 공급받겠다는 계획을 발표한 것이다. 스리마일 원전 사고 당시 피해를 입지 않았던 1호기는 전력시장 경쟁심화로 인해 채산성이 낮다는 이유로 2019년 문을 닫았는데, AI 붐으로 전력 수요가 폭증하자 마이크로소프트가 그 멈춘 원전을 다시 호출한 셈이다. 마이크로소프트는 이 원전으로부터 향후 20년간 전력을 구매하는 계약을 체결했다.

## 원전, 고품질 전기를 생산할 수 있는 유일한 발전원

이 계약은 AI 산업의 에너지 집약도가 얼마나 큰지를 상징적으로 보여준다. AI를 가동시키기 위한 거대한 GPU 서버는 24시간 내내 전력이 필요하다. 챗GPT 같은 대형 언어모델 하나를 훈련시키는 데 들어가는 전기는 수천 가구의 연간 사용량을 넘어선다. 클라우드와 반도체 공장, 데이터센터는 '전기를 먹는 괴물'로 불릴 정도다.

문제는 GPU 서버가 전압과 주파수가 일정한 고품질의 전력을 필요로 한다는 점이다. 이때 태양광이나 풍력처럼 간헐적인 재생에너지로는 안정적인 전력품질을 유지하기 어려운 반면, 원전은 24시간 내내 고품질 전력을 지속적으로 공급할 수 있는 거의 유일한 발전 방식이다.

스리마일섬의 사고가 '핵의 시대를 끝낸 사건'이었다면, 2020년대의 AI 붐은 '핵의 시대를 다시 여는 사건'이 될 것이란 전망이 나오는 배경이다. 원전이 석탄 및 석유와 달리 탄소 배출이 없는 '청정 에너지원'이라는 점도 영향을 미쳤다. 2020년대 들어 세계가 다시 원전 건설 경쟁에 나선 이유다.

이 소식은 한국 주식시장 투자자들에게는 특히 긍정적이다. 원전을 설계하고 건설하며 운영까지 할 수 있는 나라가 전 세계에 몇 안 되기 때문이다. 이를 할 수 있는 나라로는 한국과 프랑스, 러시아와 중국 등이 꼽힌다. 다만 원자력이란 민감한 소재를 다루는 만큼 서방의 자유진영 국가는 러시아와 중국으로부터의 원전 수입을 꺼린다.

한편 프랑스의 원전 시공비용은 한국의 시공비용에 비해 훨씬 높다. 그러면서 시공 속도는 훨씬 느리다. 한국 원전 산업이 각광받는 이유이며 관련주들의 주가 뛰고 있는 배경이기도 하다.

## 원전에서 만든 전기를 나를 수 있는 전력망

원전 건설 붐이 일어나면 필연적으로 따라오는 것이 전력망 건설 붐이다. 새로 지은 원전으로부터 전력이 생산되면 이를 필요로 하는 공장 등까지 전기를 끌어오는 작업이 필요하기 때문이다. 실제 스리마일섬 원전만 해도 마이크로소프트와의 계약 체결 이후 변압기를 주문하며 발전소 재가동 작업을 진행하고 있다. 주문 비용은 약 1억달러에 이르는 것으로 알려진다.

신재생에너지발전 비중이 늘어난다면 전력망 건설 수요는 더

욱 늘어난다. 원전처럼 커다란 에너지발전원이 있다면 대용량의 전력망을 소수 깔아서 대응이 가능하지만, 각 지역에 흩뿌려져 있는 태양광 패널로부터 만들어낸 전기를 끌어오려면 그만큼 더 많은 전력망을 촘촘히 깔아야 하기 때문이다.

이에 더해 전 세계의 송전망이 지어진 지 오래된 것도 전력망 붐을 부추기는 요소다. 일례로 미국 에너지부에 따르면 미국 송전선의 70%는 최소 25년 전에 설치되었고 대형 변압기의 평균 연령은 40년을 넘어섰다.

이 때문에 우수한 기술력을 가진 한국의 전력설비 기업들이 전 세계에서 각광을 받고 있다. 미국만 보더라도 지난해 미국이 수입한 650kVA(킬로볼트암페어) 이하 소형 변압기의 31.2%(4억 9천만 달러)가 한국산으로, 점유율 1위를 차지했다.

## 필요한 곳에 레고처럼 조립하는 원전 'SMR'

한편 소형모듈원전(SMR)도 이러한 시류에서 호명되는 또 다른 기술이다. 이름처럼 규모는 작지만, 개념은 크다. SMR은 기존 원전과 달리 발전 용량을 50~300메가와트(MW) 단위로 나눠 여러 개를 모듈처럼 조립해 운용하는 방식이다. 기존 대형 원전이 도시 전체에 전기를 공급하는 거대 발전소였다면, SMR은 산업단지·데이터센터·섬 지역·군기지처럼 지역 단위의 맞춤형 전력원으로 진화한 형태다.

SMR이 원전업계의 '게임체인저'로 불리는 이유는 단순히 크기가 작기 때문이 아니다. 경제성과 유연성의 혁신을 기대할 수 있다는 것이 대표적인 이유다. 기존 대형 원전은 건설에 10년 이상이 걸리고, 수십억달러가 투입된다. 국가 단위로 전력계획과 금융지원이 따라붙어야만 가능한 구조였다. 반면에 SMR은 모듈화된 공장 제작 방식을 택한다. 주요 부품을 미리 제작해 현장에서는 레고처럼 조립만 하면 되기 때문에 공기가 단축되고, 투자 위험이 줄어든다. 한 기당 투자규모가 작으니 민간 기업이나 지방정부도 참여할 수 있다. '원전=국가사업'이라는 공식을 '원전=산업 프로젝트'로 바꿔놓은 셈이다.

SMR은 크기가 작아 산업단지 안에도 설치가 가능하다. 전력 수요가 큰 산업단지, AI 데이터센터, 원유 정제시설, 심지어 해양 플랜트 위에도 설치할 수 있다. 전력 수요지 인근에 지을 수 있다는 점은 전력망 건설의 필요성을 낮춘다는 점에서도 긍정적이다. 전력망이 복잡해지는 AI 시대에, SMR은 공급 측면의 유연성을 극대화하는 카드가 될 수 있다.

이 때문에 각 주요국들도 SMR 개발에 사활을 걸고 있다. 이미 미국은 오바마 행정부가 4억 5천만달러 규모의 SMR 설계 비용 지원, 2억달러 규모의 첨단 원자로 개발 기업 지원 등을 단행하는 등 앞서가고 있다. 트럼프 2기 역시 본격적으로 SMR을 배치하기 위해 9억달러의 지원금을 책정했다.

한국 정부는 SMR이 원전 산업의 미래 먹거리라고 보고 SMR

산업을 키우는 데 집중하고 있다. 한국의 기존 대형 원전 기술을 기반으로 안전성과 경제성을 동시에 끌어올린 차세대 설계로 제작에 팔을 걷어붙이고 있는 것이다. 정부는 민간과 힘을 합쳐 한국이 2028년까지 자체 i-SMR을 만들겠다는 계획이다. AI로 인해 전력 수요가 늘어나는 가운데 투자자들은 SMR의 기술개발에도 촉각을 곤두세울 필요가 있겠다.

# 세계로 뻗어가는 K파워…
# K팝·K푸드·K뷰티·K방산·K조선

K팝에서 시작한 한류 붐이
이젠 음식, 패션, 뷰티, 콘텐츠 전반으로 확산되고 있어.
제조업에는 K방산, K조선 등이 활약중이야.

한류는 더 이상 일시적인 문화 바람이 아니다. 2000년대 초반 한국 드라마 〈겨울연가〉가 일본에서 인기를 얻으며 시작된 이 흐름은 2010년대 방탄소년단(BTS)과 블랙핑크의 인기로까지 이어지며 전 세계 대중음악의 중심으로 자리 잡았다.

음악에서 시작한 한류 붐은 이제 음식, 패션, 뷰티, 콘텐츠 전반으로 확산되고 있다. 런던 거리의 'K-Food Festival'에는 김치와 불고기를 맛보려는 인파가 몰리고, 프랑스 파리의 화장품 편집숍에는 'K-Beauty' 코너가 따로 마련되어 있다. 〈오징어 게임〉과 같은 K-콘텐츠는 전 세계 시청자들에게 '한국식 서사'의 독창성을 각인시켰다.

K의 저력은 소비재에 그치지 않는다. 한국 기업들이 다른 국가 대비 뚜렷한 경쟁력을 가진 업종에도 'K'자가 붙는다. 조선과 방산이 대표적인 예다. 이러한 시류는 한국 투자자들에게는 희소식이다. 세계 시장을 대상으로 성장하고 있는 기업에 대해 국내에서 다양한 정보를 습득해 투자할 수 있기 때문이다.

### 'K'의 원조 K-Pop

K-Pop은 이제 한국을 넘어 세계 대중음악의 한 축으로 자리 잡았다. 2010년대 초, 싸이의 강남스타일이 유튜브 10억 뷰를 돌파하며 글로벌 대중의 문을 열었고, 그 뒤를 이어 BTS와 블랙핑크가 미국 빌보드 차트 정상을 차지하며 K-Pop의 위상을 공고히 했다.

이들은 단순히 노래를 파는 가수가 아니라, SNS를 통해 팬들과 직접 소통하며 자발적인 '팬덤 경제'를 구축했다. 팬들은 음반 구매와 스트리밍뿐 아니라 굿즈, 콘서트, NFT, 온라인 팬미팅 등을 통해 하나의 거대한 소비 생태계를 만들어냈다.

이러한 문화적 성공은 주식시장에서도 K-Pop 주식 열풍으로 이어졌다. BTS의 소속사 하이브는 2020년 상장 직후 시가총액 10조 원을 넘어서며 엔터테인먼트 업계의 위상을 끌어올렸다. 이어 JYP, SM, YG 등 주요 기획사들의 주가도 글로벌 팬덤 성장세에 따라 동반 상승했다. 해외 매출 비중이 급증하면서 이들 기업은 더 이상 국내 소비에 의존하지 않는 '글로벌 콘텐츠 기업'으로 평가받고 있다. 실제로 K-Pop 산업의 수출액은 매년 두 자릿수 성장률을 기록하며, 엔터주가 한국 증시에서 새로운 성장 동력으로 부상했다.

### \<오징어게임\>이 키운 K-콘텐츠 붐

K-콘텐츠의 부상은 한류의 새로운 정점이다. 〈기생충〉의 아카데미상 수상과 〈오징어 게임〉의 세계적 흥행, 그리고 〈더 글로리〉와 〈이상한 변호사 우영우〉 등 OTT 히트작이 잇따르며 한국 콘텐츠는 '지역 문화'가 아닌 '세계 시장의 주류'로 자리 잡았다. 넷플릭스, 디즈니+, 아마존프라임 등 글로벌 플랫폼이 한국 제작사에 러브콜을 보내고 있으며, 한국은 더 이상 콘텐츠를 수입하는 나라가 아니라 수출하는 나라가 되었다. 이 흐름은 단순한 스토리의 승리가 아니라, 한국 특유의 섬세한 감정선과 사회적 메시지가 세계인의 공감을 얻은 결과다.

K-콘텐츠의 힘은 경제로도 이어졌다. 드라마 제작사와 영상 관련 기업의 주가가 급등하면서 '콘텐츠주'가 증시의 새로운 성장 테마로 떠올랐다.

스튜디오드래곤은 〈더 글로리〉와 〈지리산〉 등의 성공으로 글로벌 판권 수출이 늘며 실적을 크게 끌어올렸고, 에이스토리, NEW, 쇼박스 같은 제작사들도 K-OTT 시장 확장에 힘입어 주가가 상승했다. CJ ENM은 글로벌 스트리밍 시장 진출을 본격화하며 한류 미디어의 허브로 평가받고 있다.

## K-Pop·K-콘텐츠 붐이 K-Food 붐으로

문화의 확산은 또 다른 산업으로의 파급을 낳았다. K-콘텐츠 속에 노출된 음식이 K-Food로 확장된 것이다. K-Pop 팬들은 아이돌이 먹는 라면을 찾기 시작했고, K-드라마 시청자들은 화면 속 김밥과 불닭볶음면을 직접 맛보고 싶어 했다. 이렇게 K-콘텐츠의 감정이 식탁 위의 경험으로 옮겨가며, '보는 문화'가 '먹는 문화'로 확장되었다. 삼양식품·CJ제일제당 등 식품주의 주가도 덩달아 뛰었던 배경이다.

K-Food 붐의 중심에는 삼양식품의 불닭볶음면이 있다. 2012년 출시 당시에는 지나치게 맵다는 평가를 받았지만, 유튜브에서 'Fire Noodle Challenge'로 불이 붙었다. 전 세계 유튜버들이 눈물을 흘리며 도전하는 영상은 K-Food를 하나의 놀이이자 도전 문화로 만들었다.

불닭볶음면은 수출 효자 제품으로 성장했고, 삼양식품의 해외 매출 비중은 80%를 돌파했다. 주가 또한 '불닭 효과'로 급등하며 한국 식품주를 대표하는 종목이 되었다. 2024년 3월만 하더라도 10만원대였던 삼양식품은 이러한 바람을 타고 약 1년 만인 2025년 5월, 100만원을 돌파해 황제주가 되었다.

# 제조업에도 한류 있다…K-방산·K-조선

K-콘텐츠와 K-Food가 한국의 '소프트파워'를 보여줬다면, K-조선과 K-방산은 '하드파워'의 상징이다. 첨단 기술력과 글로벌 신뢰를 기반으로 세계 시장을 재편하며, 한국 제조업은 다시 한번 세계 경제의 중심 무대로 돌아왔다. 전문가들은 "K-산업의 경쟁력은 문화와 기술의 융합에서 비롯된다"고 분석한다. 결국 'K'라는 이름은 더 이상 유행이 아니라, 한국 산업의 품질과 신뢰를 상징하는 브랜드가 된 것이다.

그 중심에는 'K-조선'과 'K-방산'이 있다. 한때 불황의 상징이던 조선업은 에너지 전환과 글로벌 물류 재편의 수혜를 받으며 되살아났다. 특히 한국이 세계 최고 수준의 LNG 운반선, 초대형 컨테이너선 기술력을 확보하면서 고부가 선박 수주를 독식했다. 한국조선해양, 대우조선해양, 삼성중공업 등 주요 조선사들은 2023년 이후 연이어 수주 목표를 초과 달성했고, 조선 기자재업체 주가도 동반 상승했다. 조선업의 회복은 단순한 경기 반등이 아니라, 기술력 중심의 산업 구조가 다시 힘을 얻기 시작했다는 신호였다.

K-방산의 부흥은 더 극적이었다. 러시아-우크라이나 전쟁 이후 각국이 재무장에 나서면서 한국산 무기 수요가 폭발적으로 늘었다. 분단국가인 한국만큼 자유서방국가에서 꾸준히 무기 개발을 하는 나라가 많이 없기 때문이다. 폴란드·노르웨이·호주 등은

K-2 전차, K-9 자주포, 천궁Ⅱ 미사일 등 한국 무기를 대거 도입했다. 가격 경쟁력과 납기 준수, 탄탄한 기술력이 맞물리며 'K-방산'은 세계 군수시장의 신흥 강자로 부상했다. 방산 수출이 사상 최대를 기록하자 현대로템, 한화에어로스페이스, LIG넥스원 등 관련주 주가가 급등했다. 특히 한화에어로스페이스는 방산 부문 이익이 전체 실적의 절반 이상을 차지하며, 2025년 주가가 연초 대비 2배 이상 오르기도 했다.

# 불로장생을 꿈꾸는 시대, 바이오에 주목하자

고령화 시대에 접어들면서 바이오에 꾸준한 관심이 집중되고 있어.
신약 개발은 '모 아니면 도'… 글로벌 제약사와 손잡고 개발하기도 해.
최근엔 '위고비'가 이끈 비만약도 열풍이야.

고령화 시대에 들어서면서 바이오 산업만큼 꾸준히 주목받는 분야도 드물다. 한국의 바이오 산업은 크게 신약 개발, 바이오시밀러(생물의약품 복제), 그리고 바이오 의약품 위탁생산(CMO 또는 CDMO)으로 나뉜다.

이 가운데 가장 뜨거운 관심을 받는 건 여전히 '신약 개발'이다. 성공만 한다면 연 매출이 조(兆) 단위에 이를 정도로 꿈이 크기 때문이다. 그러나 성공까지의 길은 험난하다. 신약 하나가 임상 1상부터 3상, 그리고 판매 허가를 거치기까지의 전체 성공 확률은 미국 식품의약국(FDA) 기준으로 약 10%에 그친다. 국내 제약사는 이보다 더 낮은 성공률을 감수해야 한다.

## 어려운 신약 개발의 길

그럼에도 불구하고, '언젠가는 성공할 것'이라는 기대감만으로 주가는 높게 유지되는 경우가 많다. 일부 기업은 수년째 적자를 기록하면서도 기술특례 제도를 통해 상장되어 유상증자로 자금을 조달한다. 기술특례 상장은 기술평가기관으로부터 일정 수준의 기술력을 인정받으면 실적이 적자라도 코스닥에 입성할 수 있는 제도다. 하지만 이러한 구조 속에서 경영진의 자금 유용이나 주가 조작 논란이 반복되면서 '바이오는 신기술인가, 신기루인가'라는 비아냥도 함께 따라붙었다.

실제 신라젠은 2016년 말 면역항암제 펙사벡 하나로 코스닥 시장에 상장해 한때 코스닥 시가총액 2위를 기록하기도 했다. 그러나 상장한 지 3년 만에 임상 3상이 중단된 데다 경영진의 주가 조작, 횡령 등이 드러났다.

신약 개발의 현실은 여전히 냉정하다. 실제로 국내 제약사 가운데 독자적으로 신약 개발을 완료하고 글로벌 판매 허가를 받은 기업은 여전히 SK바이오팜이 유일하다. SK바이오팜은 뇌전증 치료제 '엑스코프리'로 2019년 미국 FDA 승인을 받았고, 이후 유럽시장에도 진출했다. SK그룹이 1993년에 신약개발팀을 꾸린 뒤 27년 만에 결실을 맺은 셈이다. 이는 대기업의 자본력과 인내가 없었다면 불가능했을 결과였다.

## 글로벌 제약사와 손잡고 신약개발도

이런 이유로 많은 국내 제약사들은 '혼자 끝까지 간다'는 전략 대신, 글로벌 제약사와의 기술이전 및 공동개발 방식을 택하고 있다. 임상 2상, 3상 등을 글로벌 제약사에 맡기고 계약금과 임상 진행 단계별로 마일스톤(기술료)을 받는 식으로 계약이 진행된다.

한미약품이 헬스호프파마(HHP)와 2025년 9월, 글로벌 제약사 길리어드에 '엔서퀴다'의 전 세계 개발·상업화를 위한 독점 권리를 부여하는 기술이전 계약을 체결한 것이 대표적이다. 엔서퀴다는 한미약품이 독자 개발한 플랫폼 기술 '오라스커버리(기존 주사제를 경구 제형으로 전환할 수 있는 약물 전달 기술)'를 통해 한미약품이 발굴한 신약 후보물질이다. 해당 계약으로 한미약품과 HHP는 계약 체결에 따른 선급금과 개발·허가·판매 단계별 마일스톤 기술료를 수취하게 된다. 또 향후 제품 매출에 대한 로열티(경상 기술료) 역시 별도로 수취한다.

다만 기술 수출 계약은 언제든 해지가 가능하다. 주식시장에선 제약사들의 기술 수출 계약 체결과 해지가 있을 때마다 주가가 크게 흔들렸다. 기술 수출 계약 초창기, 증권사들은 신약이 임상 3상을 통과해 판매된다는 전제하에 기업 가치를 산정했다. 그러다 보니 기업 가치가 기술 수출 계약 한 건으로 인해 조 단위로 늘어났고 개인투자자들은 주식 매수에 열을 올렸다.

그러나 임상 3상까지 통과하는 것이 상당히 어려운 일인 데다 기술 수출 계약이 얼마든지 해지될 수 있다는 것을 경험적으로 알게 되면서 신약 개발에 대해 좀더 냉철한 시각을 가져야 한다는데 공감대가 형성되었다. 기술 수출 계약이 해지될 경우에 국내 제약사가 받을 수 있는 금액은 계약금 정도다.

바이오 위탁생산(CMO/CDMO) 시장도 주목할 만하다. 제약사들이 자가면역질환 치료제, 항암제 등 바이오 의약품이나 바이오 시밀러를 개발하기 위해선 수준 높은 품질 관리와 생산이 필수적인데, 이를 전문으로 하는 바이오 의약품 위탁개발 및 생산업체도 있다. 글로벌 제약사들이 직접 공장을 짓는 대신 이러한 방식을 채택하는 이유는 생산수요의 불확실성을 줄이기 위해서다. 스위스 론자, 독일 베링거인겔하임, 미국의 써모피셔 등과 함께 삼성바이오로직스는 세계 시장을 주도하고 있다. 컨설팅그룹 프로스트앤설리번에 따르면 글로벌 바이오 CMO 시장은 2022년 202억달러(약 27조원) 규모로, 2028년 477억달러(약 63조원)까지 커질 전망이다.

### 위고비가 이끈 비만약 열풍

한편 2025년에 바이오 업계에서 가장 이슈가 된 분야는 비만약이다. 노보 노디스크가 당뇨병 치료 계열 약물을 활용해 비만약 '위고비'를 출시한 이후, 체중 감량에 커다란 영향을 미치고 있다는 결과가 속속 보고되면서 이슈가 되었다. 그동안 많은 사람들이

다이어트 비법으로는 절식과 운동밖에 없다고 생각했었는데, 이젠 약물 투여를 통해 비교적 쉽게 감량할 수 있다는 희망을 갖게 된 것이다. 심지어 위고비는 과거에 비만 치료제로 쓰였던 약물들과 달리 부작용이 크게 줄어든 것으로 확인되었다. 전 세계적으로 비만 인구가 크게 늘어난 상황에서 이러한 비만약이 인기를 끌게 된 것은 어쩌면 당연한 일이다. 이후 일라이 릴리가 비만약 '마운자로'를 출시하면서 해당 시장이 성장할 것이라는 확신을 한층 고조되었다.

국내에서도 다양한 제약사들이 비만약을 개발하기 위해 사활을 걸고 있다. 다소 뒤늦게 뛰어든 국내사들은 다양한 전략을 통해 시장 진입에 속도를 높이는 한편, 차별화 전략을 통한 변화를 주는 데 집중하고 있다. 다만 2025년 11월 기준으로 국내 제약사 중 비만약 판매 허가를 받은 회사는 없다. 기대감으로 벌써 주가가 오른 기업도 많지만 진짜 성공할 수 있을지 여부는 아직은 알 수 없다.

결국 한국 바이오 산업은 '꿈'과 '현실'이 공존하는 무대다. 신약 하나에 수천억원이 걸려 있지만, 성공률은 10분의 1에도 못 미친다. 그렇다고 손을 놓을 수도 없다. 고령화와 질병의 만성화, 그리고 글로벌 헬스케어 수요의 급증 속에서 바이오는 국가 산업의 중추로 자리 잡고 있기 때문이다. 투자자에게는 여전히 위험한 산업이지만, 정부와 기업이 함께 긴 호흡으로 생태계를 다져간다면, '신기루'로 불리던 바이오 산업이 진짜 '신기술'의 시대를 열지도 모른다.

# 세계의 주식시장은
# 유기체처럼 연결되어 있다

증시는 어떤 것에 의해 움직일까? 바로 그 나라의 경제, 기업 실적 그리고 매매 주체들의 투자심리에 의해 좌우된다. 그런데 지구는 24시간 돌아가고 '세계화'로 각 나라는 유기체처럼 연결되어 있다. 한 나라에서 벌어지는 어떤 일이 다른 나라에도 상당한 영향을 미친단 얘기다. 이는 기업 실적, 경제, 증시로도 연결된다.

중국에서 철강 소비가 크게 줄어들면 지구 반대편에 있는 호주 경제가 휘청거린다. 호주는 철강 원료인 철광석 최대 생산국이고, 중국은 철광석 생산국이기도 하지만 그와 동시에 세계 최대 철광석 소비국이기도 하다. 중국은 모자란 철광석 수입의 절반 이상을 호주에서 하기 때문에 중국 철강 소비량은 호주 철광석 업체의 실적, 나아가 호주의 경제성장률과 환율, 증시 등 금융시장 곳곳에 영향을 미친다.

　　그렇다면 우리나라 경제는 어떤 나라와 가장 많이 얽혀 있을까? 우리나라는 수출로 먹고사는 나라다. 전체 수출의 23%를 중국, 홍콩 등 중화권이 차지하고 있고, 미국, 캐나다 등 북미가 수출비중의 19%를 차지한다(2025년 10월 누적 기준). 나머지는 일본, 아세안, 유럽연합(EU) 등에 수출한다. 중국, 미국 경제가 잘 돌아가고 소비가 늘어나야 우리나라 역시 수출을 통해 기업 실적이 개선되고 증시가 올라가게 된다. 그러다 보니 우리나라 증시는 때론 미국 뉴욕증시 또는 중국 상하이종합지수에 영향을 받으며 움직인다.

　　2019년 미국과 중국이 관세율을 높이며 무역분쟁을 벌였을 때 싸움의 당사자인 미국, 중국 증시는 20~30%대로 오르는데 우리나라 증시는 고작 7%대로 상승하는 데 그쳤다. 코스피 상장사의 순이익이 전년 대비 반토막나기도 했다.

　　미국과 중국의 무역갈등이 전 세계적인 보호 무역주의로 이어지면서 수출이 10%가량 줄어든 영향이다. 수출의 5%를 차지하는 일본 역시 우리나라에 IT부품 수출을 하지 않겠다고 선언해 일본 제품 불매운동이 불기도 했다. 반면 내수 경제 중심인 인도는 우리나라보다 2배 높은 증시상승률을 보였다.

　　우리나라 증시에 투자하는 사람들의 마음자세도 중요하다. 투자에는 국경이 없다. 우리나라 코스피 시가총액의 3분의 1 이상을 외국인이 보유하고 있다. 미국, 유럽, 중동 등 외국인 자금이 어떻게 움직이느냐가 증시의 방향성을 결정하기도 한다. 우리나라 증시는 신흥국 증시에 속하고, 외국인이 신흥국을 어떻게 바라보느냐에 따라 자금이 들어오거나 나간다.

신흥국 경기와 상관없이 자금이 움직일 수도 있다. 전 세계 자금줄에 상당한 영향을 미치는 미국 중앙은행인 연방준비제도(Fed·연준)가 금리를 조정할 때가 그 예다. 연방준비제도가 국채를 매입해 돈을 풀어대느냐, 아니면 쪼이느냐에 따라서도 외국인들의 투자심리가 바뀌기도 한다. 연준이 돈을 풀면 신흥국으로도 자금이 들어올 수 있으나 돈을 죄면 신흥국보다 상대적으로 안전한 선진국 증시를 더 선호할 가능성도 있다.

또 위안화는 대표적인 신흥국 통화인데 위안화가 폭락할 경우 원화에도 영향을 미쳐 원화 약세 현상이 벌어지면서 외국인들이 우리나라를 바라보는 시각이 나빠질 수도 있다. 이런 경우 중국과 우리나라 증시가 함께 움직이는 동조화 현상(coupling·커플링)이 일어나게 된다.

투자자들의 투자심리는 아시아 증시, 유럽 증시, 미국 증시를 24시간 오가면서 반영된다. 우리나라를 기준으로 보자. 우리나라는 오전 9시부터 오후 3시 30분까지 정규장이 열린다. 시차가 없는 일본은 9시부터 오후 3시까지 장을 열고 우리나라보다 한 시간 느린 중국, 홍콩은 우리나라 시각으로 오전 10시 30분에 개장해 각각 오후 4시, 5시에 문을 닫는다.

영국, 독일 등 유럽 증시는 우리나라 시각으로 오후 5시 열려 새벽 1시 30분에 문을 닫는다. 미국 뉴욕증시는 밤 11시 30분에 문을 열어 그 다음날 오전 6시에 문을 닫는다. 유럽, 미국증시는 서머타임 기간에는 거래 시간이 한 시간씩 앞당겨진다. 미국은 3월 두 번째 일요일에 서머타임이 시작되어 11월 첫 번째 일요일 끝나고, 유럽은 3월 마지막주 일요일에 시작되어 10월 마지막주 일요일에 끝난다.

아시아장이 열리는 동안 악재가 발생하면 아시아장이 하락할 것이고, 그 다음에 열리는 유럽 증시, 뉴욕 증시에 순차적으로 반영되어 전 세계 증시가 다 같이 폭락한다. 반대로 증시를 지배하는 키워드가 각 나라의 이해관계에 따라 각기 다르게 반영되어 증시 차별화가 나타날 수도 있다. 각국의 증시 방향성이 서로 달라지는 것을 역동조화 현상(디커플링, decoupling)이라고 한다.

2019년 미국과 중국 간 무역분쟁 당시 우리나라와 똑같이 수출로 먹고 사는 데다 우리나라보다 중국에 대한 의존도가 더 높은 대만의 가권지수는 23%가량 상승해 30년 만에 처음으로 1만 2000선을 넘어섰다. 세계적인 반도체 기업인 대만 TSMC가 중국에서 철수해 대만에 공장을 지은 데다 미국 내 중국산 제품이 대만산으로 대체되면서 미국으로의 수출이 증가했기 때문이다. 당시 우리나라 대중, 대미 수출이 모두 감소했던 것과는 상반된다. 증시 역시 이런 상황을 반영해 차별화가 나타났다.

2025년에는 코스피지수가 주요 국가 지수 대비 큰 폭으로 오르는 현상이 발생했다. 2025년 11월 15일 기준으로 코스피 지수는 67% 올랐는데, 미국의 스탠다드앤드푸어스(S&P)500지수(14.5%)와 일본의 니케이225지수(26.3%) 등의 상승률을 크게 뛰어넘은 것이다. 해당 해에 이재명 정부가 출범하면서 상법개정안 등 각종 증시 친화적 정책으로 주가를 1차로 밀어올렸고, 이후 인공지능(AI) 붐으로 인한 반도체 호황이 따라오면서 반도체 비중이 유독 높은 한국 증시의 상승률을 큰 폭으로 확대시킨 것으로 해석된다.

성공적인 투자를 위한 미국주식의 모든 것

## 미국주식으로 만드는 두 번째 월급통장

최만수 · 선한결 · 맹진규 지음 | 값 18,500원

전 세계 자본시장은 미국 중심으로 재편되고 있다. 이 책은 3인의 경제전문 베테랑 기자가 매일 주식시장을 취재하며 체득한 데이터와 통찰을 바탕으로, 미국주식을 통해 '두 번째 월급통장'을 만드는 가장 현실적인 방법을 알려준다. 이 책을 통해 평범한 대한민국의 직장인도 미국시장이라는 무대에서 자본의 주인이 될 수 있을 것이다.

---

초보자가 꼭 알아야 할 배당투자의 기본!

## 주린이도 술술 읽는 친절한 배당투자

안혜신 · 김인경 지음 | 값 19,000원

예금이나 적금만으로는 돈을 모으기 어려운 시대가 되었다. 그렇다고 주식을 시작하기엔 오히려 돈을 잃을까 봐 두려움이 앞선다. 10년 이상 금융 분야를 취재해온 두 저자는 안정적으로 수익을 챙길 수 있는 배당투자를 추천한다. 노후 대비를 위한 투자로 잘 알려진 배당투자에 대해 기본 개념부터 최신 동향, 주의 사항까지 친절히 설명한다. 이 책을 통해 현명한 투자법을 터득할 수 있을 것이다.

---

4등분 법칙, 이것만 알면 노후 걱정 필요없다

## 이승조의 4등분 주식 매매법

이승조 지음 | 값 32,000원

고령화 사회로 접어들면서 은퇴자들은 스스로 노후를 준비해야 하지만, 주식투자를 위험하다고 생각해 도전하기 어려워한다. 40년간 주식시장에서 매매를 이어온 실전 고수인 저자는 이들의 두려움을 덜어주기 위해 실전 매매 방법인 '4등분법칙'을 소개한다. 이 책을 통해 누구나 종목의 매수·매도 자리를 쉽게 판단하고 실행할 수 있을 것이다.

---

한국 주식시장에서 돈 벌려면 모멘텀 투자가 답이다!

## 한국형 모멘텀 투자 실전 매매법

이가근 지음 | 값 24,000원

이제 가치투자가 아닌 모멘텀 투자의 시대가 왔다. 이 책은 한국 주식시장에 가장 적합한 모멘텀 투자를 통해 수익률을 올리는 노하우를 담았다. 개인투자자들이 전문가 못지않게 정보를 잘 활용하고 자신만의 투자 방식과 해답을 찾을 수 있도록 이끈다. 이 책에서 다루는 내용을 실제 시장에서 나타나는 새로운 현상들과 비교하며 자신의 노하우로 체화한다면, 자신만의 완성된 투자 기법을 만들어낼 수 있을 것이다.

■ **독자 여러분의 소중한 원고를 기다립니다** ─────────────────

메이트북스는 독자 여러분의 소중한 원고를 기다리고 있습니다. 집필을 끝냈거나 집필중인 원고가 있으신 분은 khg0109@hanmail.net으로 원고의 간단한 기획의도와 개요, 연락처 등과 함께 보내주시면 최대한 빨리 검토한 후에 연락드리겠습니다. 머뭇거리지 마시고 언제라도 메이트북스의 문을 두드리시면 반갑게 맞이하겠습니다.

■ **메이트북스 SNS는 보물창고입니다** ──────────────────────

메이트북스 홈페이지 matebooks.co.kr

홈페이지에 회원가입을 하시면 신속한 도서정보 및
출간도서에는 없는 미공개 원고를 보실 수 있습니다.

─────────────────────────────────────────────

메이트북스 유튜브 bit.ly/2qXrcUb

활발하게 업로드되는 저자의 인터뷰, 책 소개 동영상을 통해 책
에서는 접할 수 없었던 입체적인 정보들을 경험하실 수 있습니다.

─────────────────────────────────────────────

메이트북스 블로그 blog.naver.com/1n1media

1분 전문가 칼럼, 화제의 책, 화제의 동영상 등 독자 여러분을 위
해 다양한 콘텐츠를 매일 올리고 있습니다.

─────────────────────────────────────────────

STEP 1. 네이버 검색창 옆의 카메라 모양 아이콘을 누르세요.    STEP 2. 스마트렌즈를 통해 각 QR코드를 스캔하시면 됩니다.
STEP 3. 팝업창을 누르시면 메이트북스의 SNS가 나옵니다.